LETTRE

POUR la défense & la
conservation des Parties
les plus essentielles à
l'Homme & à l'Etat.

A GENEVE,

Chez FREDERICK BOMM.

M D C C L.

AVIS DE L'EDITEUR.

JE sens bien que l'Auteur de cette Lettre me sçaura mauvais gré de ce que sans sa participation, je la rend publique, & encore plus de ce que j'ai lardé un petit extrait de son traité des parties de la génération & des maladies qui peuvent les attaquer ; mais l'attachement que l'on a pour ses maîtres, fait que je passe par-dessus toutes considérations pour le mien ; du moins ma résidence depuis peu de temps dans la Capitale du Piedmont, me garantira des reproches qu'il pourroit me faire de vive voix à cet égard.

REPONSE

De **JEAN BAGET**, Maître en Chirurgie de Paris, à un Chirurgien de Middelbourg, en Zelande, contenant des Réflexions sur un Livre intitulé : *Observations Chirurgicales, concernant les maladies du canal de l'Urine, traitées par une prétendue nouvelle méthode :* Avec une description abregée des parties de la Génération, & des maladies qui les affligent.

J'Ay reçu, Monfieur, votre Lettre du.... par laquelle je vois que le Livre imprimé à Avignon en 1745. fous le titre d'Obfervations Chirurgicales fur les maladies du canal de l'urine, n'a pas votre approbation. Vous remarquez fort judicieufement que l'Auteur en impofe dès le titre du Livre, en expofant que fa méthode eft nouvelle ; mais elle ne l'eft que par la façon dont il affujettit fes malades à fe faire traiter chez lui ; puifque de tous les tems la

A

Chirurgie a fait usage des bougies. Le Docteur Liébaut , Médecin de la Faculté de Paris, dans son Traité des Maladies des Femmes , livre 2. chapitre 7 nous rapporte que Charles IX. acheta d'un Gentilhomme Venitien la Recette d'un onguent dont il enduisoit des bougies pour guérir les carnosités qui se trouvent au canal de la verge.

Vous observez aussi que le Livre de ce nouveau Praticien n'a aucun principe de theorie ni de pratique Chirurgicale,& vous avez raison;mais cela n'empêche pas qu'il ne recueille le fruit qu'il s'en étoit proposé,qui est de persuader à ses malades qu'ils sont dans un des cas des observations qui y sont rapportées, & qu'enfin il ne lui serve d'affiche. Vous me paroissez impatient de voir le traité des maladies de l'uretre que la Préface de ce Livre semble annoncer ; mais vous ne serez pas si-tôt satisfait ; puisqu'au lieu de ce traité, il vient de paroître un second recueil dont je vous parlerai dans la suite, portant le même titre que le premier, amplifié de beaucoup d'autres observations de même goût que les précédentes, & de certificats qui ont été au moins délivrés trop facilement , ce qui est d'une dangereuse consequence, puisqu'on ne peut en conscience certifier une guérison plus promptement que six mois après avoir cesfé les traitemens, sur-tout quand il s'agit des maladies aussi cachées que celles du canal de l'urine; encore faut-il avoir interrogé & examiné le malade, & réiteré cet examen, après un intervalle convenable, pour s'assurer d'une veritable cure, & pouvoir l'attester aux personnes qui n'ont pas vû le prétendu guéri.

Mais, dites-moi, comment vous avez eu connoissance de cette fameuse Préface? puisque moi qui suis à Paris, j'ignorerois encore ce rare ouvrage, si plusieurs malades, que l'enthousiasme de la nouveauté a conduit chez ce Praticien moderne, ne me l'avoient communiqué en venant au sortir de ses mains me demander secours, convaincus par leur triste expérience du danger qu'il y a d'abandonner le soin de sa santé & de sa vie à des Praticiens, qui n'ont aucune connoissance de la structure des parties qu'ils s'ingerent de traiter; en effet si, ces gens à secrets réussissent quelquefois, ce n'est que par hazard, & dans les maladies legeres, mais ils échouent toujours dans les maladies rébelles, faute d'en connoître les causes, les progrès, & la composition des parties qu'elles affligent, connoissance absolument nécessaire, sans laquelle il est impossible de réus-

4

fir, & dont le défaut eft de bien plus grande confequence dans le traitement des maladies du canal de l'urine, que dans toutes
les autres; puifqu'il arrive trop fouvent
que pour avoir été traité par ces fortes de
Praticiens, des perfonnes dont le nom &
l'interêt des familles demandoient de la pof-
térité, ont été hors d'état de laiffer des
fucceffeurs. La Pratique de Charbonnier,
toute infuffifante qu'elle fût; étoit moins
dangereufe que celle de ce nouvel homme, & fi fon regne fut plus court, c'eft
qu'il étoit moins appuyé, & qu'il avoit
moins d'intrigue; mais ils ne font pas plus
Chirurgiens l'un que l'autre.

Cette fcience, comme vous favez par vous-
même, ne s'acquiert que par un long & pénible travail, & ce n'eft qu'après de fcrupu-
leux examens, qu'on eft autorifé à exercer
un art, fur l'excellence duquel je ne m'éten-
drai pas; fon but qui ne tend qu'à la confer-
vation & au rétabliffement de l'homme, en
fait fuffifamment l'éloge; mais le Public
fait rarement attention aux études qui doivent former ce qu'on appelle un vrai Chirurgien; l'éclat, le faux brillant, font
fouvent fon guide pour décider du mérite
de ceux en qui il met fa confiance; & deux
années d'exercice fur quatre Treteaux,
l'emportent fouvent fur plus de vingt an-

nées d'emphitheâtre, & de fréquentation d'Hôpitaux, précedés d'une longue suite de diſſection d'animaux de toute eſpece & d'un long travail ſur l'anatomie du corps humain, qui met le Chirurgien en état de réparer l'homme vivant, & de recueillir utilement le fruit de la lecture des bons Auteurs. Ces verités ſont trop conſtantes pour en faire un plus long détail.

Vous me demandez où ce nouveau Praticien a puiſé ſon ſecret, & comment il a réuſſi à s'inſtaler dans Paris? Je vais vous en rendre compte, avec toute la franchiſe que vous me connoiſſez; & quoique je ſente qu'elle ne ſera pas du goût de tout le monde, j'eſpere qu'on ne me taxera pas d'en impoſer, ni de jalouſie de métiér. La fortune dans ma jeuneſſe ne m'a jamais fait déſirer l'anéantiſſement de perſonne, & je ne commencerois pas à mon âge; l'avidité du gain ne m'a jamais conduit; j'ai, Dieu merci, de quoi vivre honnêtement; & pour de jalouſie de métier, je ne crois pas que celui dont il eſt queſtion, ſoit jamais en état de m'en cauſer. Je pratiquois, j'oſe dire avec connoiſſance & ſuccés, cette partie de la Chirurgie, trente ans avant qu'il fût queſtion de lui, & je ne ſuis pas aujourd'hui ſans occupations

mais revenons à ce que vous défirez fça-
voir.

En l'année 1730. le fieur Moreau, Officier de Marine, obtint permiffion de traiter les maladies du canal de l'urine. Quelques cures vraifemblablement aifées, lui
acquirent une réputation qui dura peu. Il
fut mandé pour un Intendant de Province,
dont je tairai le nom, ainfi que de tous
ceux que je vous citerai, eu égard aux pré-
jugés attachés à ces fortes de maladies ; Il
le bougia de façon, qu'on fut obligé de lui
faire des bains d'huile pour arrêter l'effet
du cauftique, qui eft la bafe de ce prétendu fecret.

On peut préfumer que ce n'étoit pas le
premier malade que le fieur Moreau eût
fi bien ajufté; mais celui dont je vous parle,
tenoit un rang trop élevé, pour que la
chofe demeurât ignorée, ce qui fit prendre à l'Inventeur du fecret le parti de dé-
camper, & de s'embarquer à Marfeille,
pour aller à Naples, où il fit connoiffance
avec le nouveau Praticien, qui y étoit attaché à un Seigneur Napolitain, il lui com-
muniqua fon fecret, avec lequel il gagna
d'abord quelque argent. J'ignore s'il lui
arriva quelque avanture pareille à celle de
de fon Maître ; mais n'ayant pas réuffi

long tems, il s'affocia avec des Marchands de Savon ; enfuite il paffa en Allemagne, & de-là il revint à Marfeille, où il recommença fa pratique. Il paroît depuis quelques années à Paris, à l'ombre de prétendus titres de Chirurgien Major d'un Régiment & d'un Hôpital de Troupes étrangeres, titres qu'il fe donne, & qu'il n'a jamais rendus publics, parce que fans doudoute on les trouveroit dénués de légalifation & autres formalités requifes pour les rendre autentiques. Enfin il s'eft annoncé ici comme feul capable de guérir les maladies du canal de l'urine, maladie dont il ne connoît ni l'origine, ni le progrés, quoiqu'à l'entendre, il foit un homme unique dans cette partie de notre art. Mais entrons dans le détail de deux Lettres dont il fait tant d'étalage dans fa Préface, l'une de M. Gouraigne, Docteur en Médecine de Montpellier, l'autre de M. Joyeufe, Médecin de Galeres à Marfeille, en réponfe à cette premiere.

Par fa Lettre, vraye ou fuppofée, le fieur Gouraigne prie le fieur Joyeufe de lui apprendre ce qui en eft d'un Chirurgien arrivé depuis peu de Marfeille à Montpellier, s'il a guéri quelqu'un, s'il fait fupurer la *carnofité*, fi cette fupuration dure longtems, & fi le cathérétique qu'il employe eſt fort douloureux. Vous ſentez que voilà des informations bien exactes, & qu'apparamment le Docteur Gouraigne avoit ſes raiſons ; car il ſçait parfaitement que les digues ou corps étrangers qui ſurviennent au canal de l'urine, appellés par le vulgaire *carnoſités*, & qui forment obſtacle au paſſage de l'urine & de la ſemence, ſont de deux eſpeces, les unes ſupurables, & les autres non ſupurables ; que celles qui peuvent ſe réſoudre par ſupuration, ſe traitent beaucoup plus facilement ; mais qu'à l'égard de celles qui ne ſont pas ſupurables, on en diſtingue de deux ſortes, les unes ſchireuſes, les autres oſeuſes, ou pour mieux dire, cartilagineuſes, & qu'il y a peu de corps étrangers que l'on puiſſe guérir ſans ſupuration, excepté ceux qui viennent du dehors ſans avoir eſcorié les parties, c'eſt pourquoi je rapporte les trois obſervations ſuivantes.

1°. L'on doit faire ſupurer les carnoſités, il n'y a point d'autre parti à prendre, point de ſupuration, point de réunion ; mais on ne doit employer pour cela que des remedes doux, capables de détruire ces corps étrangers, de ramollir la circonference des ulceres, & de rétablir un bon fond ; c'eſt pourquoi M. Gouraigne connoiſſant le danger des cauſtiques, a grand ſoin de

s'inftruire fi le cathérétique dont il s'infor-
me eft douloureux; mais ce ne feroit pas affez
d'employer un cathérétique peu douloureux, on doit rejetter tous les irritans, &
pour operer une guérifon radicale , il
faut expulfer par de bons remedes pris intérieurement, le vice qui fe trouve dans la
colonne du fluide ; ces moyens font les
feuls dont on puiffe efperer une parfaite
guérifon.

2ᵉ. Il peut s'engendrer dans le canal
de l'urine des tumeurs fchireufes ou plâ-
treufes de la nature du tuf. Il y a plus de
vingt ans que j'en ai guéri quelques unes
par l'introduction des bougies de ma compofition, qui emporterent avec elles des
efpeces de petites écailles approchantes du
talc, de figures differentes, & accompagnées de grumeaux de fang , chargés de
grains fabloneux. Ces maladies fe font terminées par une fupuration fanguinolante,
ou par une fupuration parfaite.

3ᵉ. J'ai avancé qu'il pouvoit s'engendrer dans le canal de l'urine, des corps étrangers offeux, tenans de la nature des cartilages & capables de caufer les mêmes
accidens que les fchires ; en voici la
preuve.

En l'année 1735. le fieur Beauregard,
Chirurgien à Paris, pour lors demeurant

rue S. Thomas du Louvre, aujourd'hui Chirurgien Major de l'Hôpital Militaire de Perpignan, m'appella pour voir un de ses malades, dont M. Cafa Major étoit le Médecin ; ce malade fouffroit extraordinairement depuis plufieurs années d'une difficulté continuelle d'uriner ; il ne pouvoit fupporter aucune voiture, & m'affura qu'il y avoit fix mois qu'il avoit rendu une pierre par le canal de l'urine ; il témoignoit que le centre de fes douleurs étoient dans la partie que nous appellons le *Bulbe*. Je me déterminai à introduirs une bougie de huit pouces dans l'uretre, la fupuration s'établit dans la journée ; au bout du dix-neuf ou vingtième jour de mes panfemens, le malade qui jufqu'alors n'avoit pas eu de douleurs, fouffrit extraordinairement, & rendit beaucoup de fang par le canal. Nous vuidâmes le pot de chambre qui étoit rempli d'urine fanguinolante, & de caillots de fang ; le dernier que nous remarquâmes, étoit d'une groffeur prodigieufe, & fournit un corps très-dur ; c'étoit un os cartilagineux, dont la figure étoit ovalaire ; convexe dans l'une de fes furfaces, & concave dans l'autre. Nous appliquâmes la pierre que ce malade avoit rendue dans la foffette de cette production, nous conclumes que cette cavité avoit été le veritable chaton

de cette pierre. Le grand diametre de
cette production ofseufe étoit de quinze
lignes de long en dehors, & le petit de fix
lignes, & la circonférence étoit dentelée.
Ce corps étranger fut examiné par plufieurs perfonnes de l'art, & montré publi-
quement ; celui qui le rendit, fe porte actuellement fort bien.

Quant à la Lettre du fieur Joyeufe, en
réponfe à celle du fieur Gouraigne, il rapporte à ce Docteur l'hiftoire du traitement
fait à Marfeille par le nouveau Praticien
fur un homme d'Avignon ; Il expofe que
ce malade avoit une rétention d'urine, &
cinq fiftules, accompagnées de fchires &
de phymofis ; que le fait foit vrai ou faux,
il ne faut pas s'écrier au miracle; quel eft
le Chirurgien qui n'a pas traité de ces
maladies ! Voici le détail d'une de celles
que j'ai terminées.

Je fus mandé il y a quelques années pour
vifiter un malade que plufieurs guériffeurs
en ce genre de maladie, avoient réduit prefqu'à l'agonie. Dans l'examen que je fis des
parties affligées, j'apperçus que les bourfes
étoient d'une groffeur monftrueufe, per-
forées de plufieurs fiftules, auffi-bien que
la verge, chacune de ces fiftules étoient accompagnées de calloficés fchireufes, l'urine fortoit par différens points, qui for-

moient la terminaison des fistules, & le canal de l'urine étoit farci d'excroissances qui s'opposoient à son passage; le malade avoit de plus une fistule dans la région umbilicale, un pouce au-dessous du nombril; la région hypogastrique étoit dilacerée, & ne formoit qu'une espece de caverne dans toute son étendue; Cette dilacération étoit causée par les urines, qui en partie s'étoient fait des faux-fuyans, tant du côté des aînes, que de la substance cellulaire de la verge & des bourses, & par un déchirement qui s'étoit fait dans la partie du canal appellée Bulbe. Enfin, la capacité de l'hypogastre servoit de réservoir à l'urine, qui prenoit son cours par en haut, & quand on faisoit quelque compression sur cette partie, les urines couloient par l'ouverture qui se trouvoit au-dessous du nombril, pendant que celles qui se présentoient en bas, s'échapoient par les fistules inférieures. Les Praticiens qui avoient prétendu secourir ce malade, après lui avoir causé beaucoup de dépense & l'avoir fatigué par toutes les drogues qu'ils imaginerent, le firent passer par le grand remede, derniere ressource de ces ignares; enfin, ne sçachant plus où donner de la tête, ils abandonnerent le malade à son malheureux sort.

Je

Je le fis voir à plusieurs de nos habiles Confreres , entr'autres à Messieurs Dionis & Andouillet ; ils le regarderent comme un homme sans espoir ; Il étoit effectivement dans un état bien dangereux ; Cependant, je donnai mes soins à ce moribond ; je suivis les regles de l'art , & il fut parfaitement guéri dans l'espace de sept à huit mois. Je n'ai guéri que deux malades dans une situation aussi désesperée.

Au reste, l'Epître du sieur Joyeuse n'apprend autre chose au Docteur Gouraigne , au sujet de ce Praticien , sinon qu'il est , suivant lui, en possession d'un cathérétique, que ce Médecin dit être excellent , qu'il agit en faisant supurer plus ou moins , & que la douleur est si légere , que bien des malades ont assuré n'en avoir ressenti aucune ; Enfin, le zele avec lequel le Sieur Joyeuse exhalte l'homme & le remede, n'est point un zele ordinaire. Mais faisons quelques légeres observations sur la Préface dont il s'agit.

Dans cette Préface on affecte de faire paroître ce Praticien, fâché de n'avoir pas le tems de donner un Traité complet des maladies du canal de l'urine, c'est dommage ; & si le Public étoit bien persuadé de l'avantage qui lui en reviendroit, il lui en donneroit tout le loisir , les Eléves en

Chirurgie en tireroient de profondes inſtructions, & nous-mêmes y prendrions des notions bien differentes de celles qu'on nous donne dans les Amphithéâtres, & que nous tirons des Anciens & de nos expériences, puiſqu'il aſſure dans cette Préface que ſes notions different des notions communes & généralement reçues juſqu'aujourd'hui ; Un homme à ſi grands talens & ſi habile en Chirurgie, n'auroit pas manqué, ſans doute, de caracteriſer les avant-coureurs des chaude-piſſes, la véritable pratique pour les traiter avec éfficacité, la maniere de s'opoſer au progrès des ulceres, & de les vaincre, le traitement qui eſt le plus convenable pour y reuſſir, celui qui convient pour prévenir les calloſités & carnoſités, les moyens victorieux pour conſerver le tiſſu cellulaire de ces parties, ceux pour empêcher que le mauvais levain rétrograde dans le fluide & ne l'infecte, & l'art enfin de le détruire radicalement ; parce qu'il peut à la ſuite exciter des accidens fâcheux, & même une vérolle complette ou bâtarde, ſouvent plus difficile à traiter, qu'une vérolle réguliere & décidée ; enfin il n'auroit pas négligé de parler avec emphaſe du fameux Tournant.

Ce nouveau Praticien, ainſi qu'un autre moderne qu'il annonce, à côté duquel

il se place, disent que lorsque les maladies
du canal ne répondent point à leur attente,
il faut les regarder comme incurables, &
tenter seulement une cure palliative. Mon
sentiment est fort opposé. En effet, il n'y
a que des gens sans doctrine & sans cha-
rité qui puissent suivre des maximes aussi
pernicieuses ; avec de l'art, de l'étude, une
pratique réglée, & de la patience, on vient
souvent à bout de ce que les superficiels
regardent comme incurables.

Une cure palliative est doublement cri-
minelle. 1°. Un malade ne donne pas sa confiance pour n'être que pallié, & lorsqu'on
ne le guérit pas radicalement, on le met
dans le cas de communiquer, sans le sçavoir, à ses descendans, un venin qui leur
occasionne tout au moins une mauvaise santé, dont ils ignorent la cause, & que la
Faculté & la Pharmacie ne peuvent pénétrer. 2°. On lui vole son argent, puisqu'il
ne l'a donné que pour être guéri parfaitement, encore ne seroit-ce que demi mal,
si ces Messieurs avoient la bonne foi de le
restituer en avouant leur insuffisance ;
mais au contraire, comme l'interêt est la
seule chose qui les conduit, il n'est sortes
de moyens qu'ils n'employent pour trom-
per & séduire les malades ; ils ont la mauvaise foi de leur promettre une guérison

parfaite en très-peu de tems, & jamais
au par delà de quarante jours ; cette ef-
perance flatteufe détermine le malade, &
l'empêche de réfléchir qu'il eft impoffible
en fi peu de tems de guérir une maladie
qu'on traîne fouvent depuis plus de vingt
ans. Lorfque l'interêt ne domine pas, &
qu'on agit fincerement & avec connoiffance, on ne peut répondre d'un tems
fixe pour la curation des maladies, & fur-
tout de celles du canal ; On peut, il eft
vrai, préfixer un terme, mais les accidens
qui furviennent quelquefois peuvent le
rendre plus long, & il ne peut jamais être
auffi court que ces Meffieurs le promet-
tent. Une autre preuve de leur mauvaife
pratique, eft le foin qu'ils ont d'éviter
que leurs remedes puiffent être connus ;
Lorfqu'ils ne peuvent tourner à la honte
de ceux qui les employent, on ne doit
pas craindre qu'on en faffe l'analyfe, &
l'on doit les envoyer par-tout ; je n'ai jamais balancé à en ufer ainfi ; j'en envoye
journellement dans toutes les Provinces,
même au-delà des mers, & les malades
peuvent être guéris à beaucoup moins de
frais, & fe traiter eux-mêmes, fans être
obligés de quitter leur famille & leurs
affaires ; En voici la preuve.

Il y a dix ans qu'un Courrier, dont

les courſes ordinaires étoient de cent lieues, ſe trouvant dans un état déplora-ble, occaſionné par la ſuite de pluſieurs gonorhées, vint me trouver ; Je le mis à l'uſage de mes bougies ; Au bout de quel-que tems, il fut en état de continuer ſes courſes, ayant une bougie dans le canal dont il ne changeoit qu'après être arrivé aux extrémités de ſa courſe. Il fut guéri radicalement dans l'eſpace de ſept à huit mois.

Je conviens avec vous que les maladies du canal de l'uretre ſont des plus dange-reuſes, lorſqu'elles ſont mal traitées, & principalement celles qui attaquent les proſtates ; l'expérience que j'en ai acqui-ſe, ne m'a que trop confirmé dans ce ſen-timent, & que lorſqu'on ne remedie pas promptement à ces maladies, les urines ſont de grands ravages en peu de tems. Je vais vous en rapporter un exemple.

Il y a quelques années qu'on m'amena un homme attaqué d'une violente réten-tion d'urine. La ſource de ſes maux étoit une ancienne gonorhée qui avoit été ſup-primée à force d'injections ; Il ſe croyoit alors guéri parfaitement, parce que celui qui l'avoit traité n'avoit pas épargné les remedes inérieurs ; Je le guéris dans l'eſ-pece de quatre à cinq mois, & il ſe porte bien depuis ce tems-là : si tous ceux qui se mêlent de traiter ces maladies, connoissoient bien le lieu où elles établissent leur siege, la structure & l'opération des parties qu'elles affligent, on ne verroit pas tant d'honnêtes gens dans des situations si fâcheuses. Il est vrai que souvent les malades demandent à être guéris promptement, sans s'embarrasser des suites ; mais le Chirurgien doit faire comprendre aux malades que les retours sont encore plus fâcheux que le mal originaire, & que d'une guérison trop prompte & forcée, il en résulte toujours des digues ou carnosités au canal de l'urine, quoique malgré les preuves que nous en voyons journellement, plusieurs personnes, même de l'art, ont voulu soutenir qu'il étoit impossible qu'il en survint ; j'avoue que l'ouverture des cadavres nous instruit peu sur ces indispositions, soit que la vie humaine cessant, l'inflammation cesse aussi, & que le flux continuel qui causoit le gonflement de ces parties venant à s'éteindre, ces productions vicieuses s'affaissent & disparoissent. Il est pourtant certain par les observations que j'ai faites sur des chiens attaqués de la gonorhée, que j'ai trouvé leurs prostates gonflées, & leurs canaux de décharge ulcérés, fournissant

une matiere purulente, & que dans d'autres j'ai vû que les ulcéres fourniſſoient
des hyperſarcoſes ou carnoſités reſſem-
blantes aſſez bien à des cornes de limaçon,
ou à des eſpeces de champignons, dont
le pédicule étoit étranglé par la circon-
féience calleuſe des ulcéres ; j'ai même
apperçu que ſi l'on comprimoit ces glandes , il en ſortoit des goutelettes de matiere purulente, à peu près comme ſi elles
s'échapoient d'un arroſoir.

OBSERVATION.

L'Auteur de la Préface, page 24. convient avec un célebre Auteur qui a traité
des Maladies Vénériennes, qu'il ne s'agit
pas dans ces ſortes de maladies d'une
grande théorie, & que la pratique l'em-
porte ; enfin , ils aſſurent qu'il y a des
gonorhées incurables , & ſur-tout, di-
ſent-ils, celles qui ſont accompagnées d'un
flux de ſemence involontaire, cas auquel
ils prétendent qu'il n'y a pas d'eſpoir ;
mais mon ſentiment eſt bien different, &
j'ai trop experimenté qu'on ne doit pas
déſeſperer de ces maladies , lorſqu'on y
employe des remedes convenables ; Plus
la ſituation eſt fâcheuſe, moins on doit
abandonner le malade ; D'ailleurs , il eſt

impossible qu'une gonorhée soit accompagnée du flux de semence seminal; en voici les raisons qui sont incontestables.

Pour qu'une gonorhée fût accompagnée d'un flux seminal, il faudroit que les prostates & les vaisseaux de décharge des réservoirs de la semence fussent corrodés & détruits, encore dans un pareil cas, il faudroit qu'un homme fût jeune & vigoureux, qu'il se fît une séparation continuelle de semence dans les testicules, & que cette matiere coulât sans intermission aux réservoirs; opération que la nature ne fait que dans le Rat & dans le Loir; mais ce qui fait prendre le change à ces Praticiens, est qu'ils ont observé qu'il paroît impossible que le volume d'écoulement qui se fait pendant le cours d'une gonorhée, soit le dégorgement unique de la sanie du chancre ou de l'ulcere de l'uretre; & que d'une autre part, quand les plus violens accidens de la gonorhée sont calmés & que la couleur vicieuse est changée, la matiere que fournit l'écoulement, est blanchâtre & semblable à de la semence ordinaire, plus ou moins épaisse, & qui souvent tombe par gouttes dans les efforts que font les malades en allant à la selle; mais on peut dire que de ce fait certain, ces Messieurs tirent une conſequence très fauſſe, faute de connoître les parties & la méchanique du corps humain.

Chacun ſçait que la moindre partie du corps eſt compoſée d'un admirable tiſſu de tuyaux ſanguins de deux eſpeces ; de conduits lymphatiques qui ramaſſés par pacquets forment auſſi des glandes, & enfin des tuyaux ſpiritueux; dès qu'un ulcere ou chancre, vient à ronger ou corroder quelque partie de l'animal, alors tout les vaiſſeaux qui aboutiſſent à cette endroit ſe trouvent ouverts & ſe dégorgent dans cet ulcére, qui forme par la diſſolution même des rameaux, un eſpece de baſſin ou de réſervoir, qui devient un cloaque par le mélange & la fomentation de ces differents ſucs extravaſés ; fomentation qui mortifie les parties voiſines, les enflamme, & ſouvent y porteroit la gangrenne, ſi on tardoit à faire uſage des remedes propres à réprimer ces déſordres. Les parties nerveuſes ainſi agitées par la fermentation du venin de l'ulcére, ſont les cauſes des douleurs ; & les épanchemens de toutes les liqueurs, par le mélange de leurs differentes qualités, ſont eux-mêmes le principe de la fermentation & des douleurs, & en même tems la cauſe productive de cette abondante ſanie, qui toujours porte

avec elle la couleur de l'humeur peccante
qui domine, soit en qualité, soit en quantité ; aussi voyons - nous tous les jours
que cette couleur est tirante sur le jaune
lorsque la bile domine dans le sujet, qu'elle
est verte lorsque cette bile est mêlée avec
des sucs vitrioliques, que souvent elle est
rougeâtre lorsque la personne est sangui-
ne & que les vaisseaux sanguins fournissent le plus, & qu'enfin elle est plus fluide & blancheâtre, ou griseâtre, quand la
lymphe est abondante, ce qui fait que
cet écoulement est regardé comme benin
par la douceur du principe du fluide, qui
pour lors est le moins susceptible d'inflammation, & c'est précisément ce principe qui s'échapant des ulcéres mal fou-
dés forme cet écoulement, que ces Praticiens regardent comme un flux de semence, qui est d'autant plus abondant,
que la personne est jeune, flegmatique,
& d'un temperamment mol comme est
celui femmes, disposition même qui les
rend si sujettes aux fleurs blanches, & sur-
tout dans les Monasteres, où elles men-
nent une vie fort oisive; mais quoique
cette courte Dissertation soit suffisante
pour détruire l'opinion de ces prétendus
écoulemens de matiere feminale, j'y join-
drai encore l'observation qui suit.

OBSERVATION.

Il y a environ huit ans qu'il me vint un Officier, qui se plaignoit d'une prétendue perte de semence, suivant, disoit-il, qu'il en avoit été assuré par plusieurs consultations, tant de Paris que de Province. Divers accidens joints à cette évacuation, qui continuoit depuis plus de vingt ans, l'avoient jetté dans des situations si fâcheuses, qu'il avoit été contraint de quitter le service : Il étoit plongé dans la plus noire mélancolie. Après avoir passé par les remedes généraux, il s'étoit adressé à plusieurs Charlatans, qui aprés l'avoir successivement traité l'assurerent que sa maladie étoit sans espoir. Cet homme urinoit à plein canal, & ne souffroit point de douleurs; mais il n'avoit aucun signe de vie dans cette partie, qui fournissoit continuellement de cette prétendue matiere seminale, sur-tout lorsqu'il alloit à la garderobe; Tous ces accidens, avec l'esprit frappé, avoient mis ce malade dans un état digne de compassion. Je lui persuadai l'usage de mes bougies, il y acquiesça, en s'imaginant que ce seroit inutilement; Il s'établit une suppuration des plus abondantes. J'employai les remedes convenables, & il se trouva guéri radicalement au bout de huit mois. J'invite donc les Eleves en Chirurgie de faire un bon & continuel usage des vrais principes, & de ne point se borner à la pratique de ces Messieurs ; mais au contraire, de s'attacher à consoler les malades & à les secourir, en suivant une voye douce qui détruise la maladie, qui ne tendroit qu'à l'extinction du sujet, si l'on négligoit de travailler avec soin à rétablir les parties mutilées. Les bons Praticiens ne doivent pas ignorer qu'il y a toujours des vaisseaux sanguins qui peuvent devenir variqueux & être accompagnés de schires qui arrivent quelquefois aux prostates lorsqu'elles sont attaquées d'ulceres, & qu'enfin il peut se faire des irruptions aux vaisseaux, aussi-bien qu'aux schires, ce qui fait que ces vaisseaux peuvent fournir de cette prétendue matiere seminale, qui n'est autre chose qu'un mélange des parties aqueuses, oleagineuses & terrestres. Je ne sçaurois trop le répeter, il ne faut point abandoner les malades ; Lorsqu'on joint une bonne pratique à la connoissance exacte des parties & de la maladie, il se presente toujours des secours, mais qui doivent être administrés avec beaucoup de patience, & de

bonne

bonne foi; car nous nous trouvons souvent dans le cas de l'exercer, tant pour rassurer l'esprit de ceux qui dans leur jeunesse ayant eu quelque incommodité, s'imaginent ressentir des maux qu'ils n'ont point, que pour déterminer d'autres que nous sommes assurés être dans une situation qui demande les plus grands remedes : en voici deux exemples.

Un Membre d'une Cour Souveraine me fut amené par un de ses amis, qui avoit eu besoin de moi dans une pareille maladie. Ce premier étoit attaqué d'une rétention d'urine depuis plus de vingt ans, & n'avoit jamais eu d'autre maladie qu'une chaude-pisse, qui, selon lui, avoit été bien traitée, mais qui cependant étoit la cause de l'état où il s'étoit trouvé depuis. Je lui fis les questions nécessaires; il me dit que de tems en tems il se trouvoit attaqué de rétentions, que les remedes généraux l'avoient soulagé, mais qu'ils ne l'avoient pas guéri. Je lui parlai du vice local & du général. Il se défendit sur le second, & biaisoit sur le premier, disant qu'il ne souhaitoit que d'uriner à son aise, que du surplus il s'en mocquoit. Après lui avoir représenté que ce seroit du tems & de l'argent perdu, puisque la cause du mal n'étant pas détruite, les accidens recom-

menceroient. Je le fis uriner si à son aise,
qu'il fut très-content de se trouver, selon lui, guéri en cinq mois ; mais je pen-
sois bien autrement. En effet, l'année sui-
vante il vint me retrouver en se lamentant
de ne m'avoir pas crû. Les preuves de la
verole, dont je l'avois voulu persuader,
s'étoient manifestées par un chancre vif &
calleux, accompagné de douleurs insupportables. Il fallut subir le grand remede,
& depuis ce tems là il jouit d'une parfaite
santé.

Au mois de Novembre 1734, je fus
prié de me transporter chez un Tailleur,
qui avoit une tumeur à la partie laterale
gauche du col. L'étendue de cette tumeur occupoit tout l'espace depuis la ma-
choire inferieure jusqu'à l'épaule , & se
trouvoit accompagnée de deux fistules à
la partie superieure , & de deux autres à
la partie inferieure. Cette tumeur étoit
monstrueuse, & gênoit la tête & le col,
au point que ces deux parties ne pouvoient
plus faire de mouvemens. Dans les confe-
rences que j'eus avec ce malade, il biaisoit sur toutes mes questions ; mais il
m'avoua qu'il avoit eu une pareille tumeur au côté opposé, qu'on lui avoit fait
des opérations, & qu'étant en Espagne
dans les Gardes Valonnes, on l'avoit fait

paſſer par les grands remedes ; que la maladie ayant répetée, il fut obligé de revenir en France, où on le fit paſſer une ſeconde fois par les grands remedes à Beſançon ; mais que n'étant pas guéri, il vint à Paris, où après pluſieurs conſultations, ſa maladie fut jugée incurable, & de nature ſcrophuleuſe. Mon opinion ne fut pas telle, je ſoupçonnois que le levain verolique n'avoit pas été détruit. Je perſiſtai dans ce ſentiment, & le malade n'ayant pas voulu y adherer, je me contentai d'entreprendre la guériſon de la tumeur de laquelle il fut délivré dans cinq mois ; mais quatre mois après il lui ſurvint une puſtule dans le centre du ſourcil droit, qui lui cauſoit de vives douleurs, je la fis ſupurer. J'eus beau lui repréſenter la fâcheuſe ſituation de ſon état, il ne voulut jamais en convenir ; cependant je le guéris encore de cette indiſpoſition.

Deux mois après il fut attaqué d'une hydrocelle, qui occupoit les deux bourſes. Je le preſſai de nouveau à ſuivre mes conſeils. Il ne voulut pas m'écouter, diſant qu'il n'avoit beſoin d'autre choſe, que de la guériſon de ce qui étoit apparent ; il ſe fâcha même contre moi, & s'adreſſa à des Charlatans, qui lui promirent beaucoup, & ne lui tinrent rien.

Ils lui appliquerent differens topiques, & lui firent prendre plusieurs remedes intérieurs, qui augmenterent si fort le volume des parties affligées, qu'elles pendoient jusqu'aux genoux. Cette hydrocelle étoit accompagnée de mortification. Le malade souffroit horriblement, sans pouvoir se remuer, ni goûter un moment de repos. Il me renvoya prier d'y retourner. Je lui fis les opérations & les pansemens convenables. Il fut encore guéri de cette maladie dans le courant de trois mois.

Quelque tems aprés il fut attaqué de trois ulceres aux cartilages de l'une de ses oreilles. La douleur étoit si vive, qu'elle ne lui laissoit pas un moment de relâche, on me renvoya chercher. Je lui persuadai pour cette fois qu'il falloit en revenir au grand remede. Il y adhera: & comme il étoit à la fin, il se présenta une indisposition nouvelle: c'étoit une gonorhée des plus copieuses; elle ne me surprit point, & il m'avoua alors que le commencement de ses souffrances avoit été une maladie de cette espece, quoique, selon lui, il eût été traité par les plus habiles Chirurgiens d'Espagne. Je travaillai à détruire cette source, avec mes remedes & mes bougies ordinaires. Il revint dans une parfaite santé, dont il jouit encore.

Je conviens avec vous des contradictions que vous me dites remarquer dans la Préface dont il s'agit , & fingulierement aux pages 28. 29. 40. 41. & autres. Il eft vrai que dans des momens le nouveau Praticien s'appuye des fentimens de Meffieurs de la Metrie , Dubois & Guifard, fur l'impoffibilité de guérir certaines gonorhées , & que dans d'autres endroits il fait dire à ceux qu'il cite ; que fi après l'ufage des remedes l'écoulement perfifte, les malades ne doivent pas fe décourager. Et en effet , ce que je viens d'obferver cideffus, prouve qu'il n'y a point de gonorhées qui ne foient curables : mais fur quoi ces Meffieurs établiffent-ils qu'il y a de ces maladies qui font fans efpoir ? Car ce n'eft pas afsez de dire que cela arrive , parce qu'il refte des écoulemens & des douleurs, qui font la maladie même. Il faut établir quelle eft la raifon qui leur fait prononcer que ces accidens doivent toujours refter , puifqu'ils font tous les mêmes que ceux qui accompagnent les chaudes-piffes cordées , autrement ce feroit expliquer un effet, fans faire connoître ce qui en eft la caufe ; & cet aphorifme ne pourroit rien conclure, finon que ces maladies font incurables feulement à ceux qui ne connoissent pas la maniere de les traiter, & qui n'employent pas les remedes convenables pour les détruire; mais aujourd'hui les malades doivent être tranquiles. Le nouveau Praticien est venu à leur secours, puisqu'il asure qu'il n'y a point de maladies au canal de l'urine, qu'il ne soit en état de guérir, quand elles auroient pénetré jusqu'à la vessie, & qu'il se vante même de guérir les maladies des réservoirs de la semence. Mais, direz-vous, comment pourroit-il réussir à la guérison de ces parties, puisqu'il ne connoît pas seulement leur véritable situation, & la communication de leur réservoir ? Qu'enfin il ne s'accorde pas plus avec lui, qu'avec sa pratique, puisque dans un endroit de cette Préface, il dit qu'il s'en tient aux maladies du canal & de la vessie, & que dans un autre il s'en défend, & se reconnoît incapable de les traiter, & que par-tout il garde un parfait silence sur les maladies qui attaquent les prostates superieurs, tels que sont les hypersarcoses, qui font l'office de trappe au spinâther de la vessie, & sur celles qui affligent la fosse naviculaire; enfin il ne dit pas un mot des maladies qui arrivent au sexe féminin, quoiqu'il soit également nécessaire de les traiter sur

l'un & l'autre sexe ; mais toutes ces confi-
dérations n'empêchent pas la prévention
que le Public a pour lui, malgré l'e-
xemple réïteré de tant de malades qu'il
avoit attirés des Provinces éloignées, &
qui après des traitemens qui ont duré
des années entieres, ont été obligés de
s'en retourner chez eux plus mal équipés qu'ils n'en étoient sortis, & d'empor-
ter un urinal dans lequel ils avoient la
verge plongée jour & nuit. Est-ce là l'effet d'un remede dont on veut perfuader
au Public la benignité ? Je pourrois vous
donner des preuves sans nombre que loin
d'être balfamique, il est des plus irritans ;
mais je me contenterai de vous en rapporter quelqu'uns de celles qui font ve-
nues à ma connoiffance, & de les confirmer
par l'aveu même que ce Praticien fait de
la qualité de fon remede.

En l'année 1746, il entreprit un malade à qui fon benin remede caufa une
inflammation à la partie, & plufieurs accidens qui furent renouvellés à chaque
fois qu'il introduifoit la bougie ; ils de-
vinrent fi violens, qu'on fût obligé d'appeller du fecours ; on employa tous les
remedes convenables en pareil cas, le malade fe remit & reprit fes forces ; mais il
refta dans fa premiere fituation ; c'eft un

fait dont il doit se souvenir, ainsi que du Garçon Limonadier & du Perruquier du Faubourg S. Germain, ils ont assuré que ces bougies leur causoient des douleurs, dont l'irritation, sur-tout dans les premiers jours, leur causoit une fievre aigue.

Je dis encore que ce nouveau Praticien avoue lui-même que son remede est un caustique; la preuve en est écrite, page 20. de sa Préface, où il s'écrie : *Quoi donc, étoit-il décidé (parlant des corrosifs) qu'on n'en pût jamais découvrir, qui sans avoir le danger de ces remedes, pussent pourtant en avoir la vertu?*

Je vous laisse à penser comment ce Praticien pourroit expliquer en François ce qu'il entend par un remede qui a la vertu des caustiques, & qui n'est pas caustique; cet aveu n'est pas le seul, & je trouverai peut-être l'occasion de vous en rapporter encore du même goût, & au moins aussi positif, lorsque pour satisfaire à votre curiosité, je vous ferai part de mes réflexions sur la seconde édition de son Livre.

Malgré le préjugé public, on ne peut donc douter que son remede ne soit un corrosif qu'il a l'adresse de masquer, & de ne placer sur ses bougies qu'à l'endroit où le malade accuse de la douleur, & où il veut qu'elles operent suivant l'indication; c'eft une des raifons qui fait qu'il n'ofe envoyer fes bougies en Province; parce que ne voyant pas le malade, il ne fçauroit à quel endroit de la bougie il devroit placer fon cauftique. Une feconde raifon, eft que par l'examen qu'on en pourroit faire, il craindroit qu'on ne le découvrît. Pour moi, qui n'ai pas les mêmes fujets d'apprehender, & qui ai toujours préferé le bien & la commodité des malades à mon interêt, j'en envoye partout. Une des plus grandes cures que j'aye faite en Province, eft celle d'un Chevalier de S. Louis, Commandant d'une Place, éloignée de plus de foixante lieues de Paris, âgé de foixante-fix ans. Il y en avoit trente qu'il étoit attaqué de rétentions d'urine. Il lui en furvint une fi violente, que les remedes généraux n'y faifant plus rien, on fit venir le Chirurgien Major de Cambray, pour lui faire l'operation; mais il n'ofa la rifquer à caufe de la foiblefle où il trouva le malade. M. le Roy, Chirurgien, propofa mes bougies. On dépêcha un Exprès à Paris, à qui j'en remis de differentes longueurs, jufqu'à douze pouces; il s'établit une fupuration abondante; & par les relations qu'on m'envoya, je conclus qu'il y avoit obftacle à la veffie, que l'hyperfarcofe ou carnofité pouvoit avoir sa racine dans les prostates supérieurs, qui devoit former une espece de soupape qui bouchoit en certains tems où elle étoit, plus ou moins gonflée, le portier de la vessie. Au bout de quelques jours, les accidens se calmerent, les urines & les matieres purulentes coulerent, le malade reprit ses forces, urina à la faveur de la bougie, & se trouva en état de supporter le carosse de voiture d . . . . . à Paris. Il ne changeoit de bougie que tous les dix à douze jours, urinant toujours avec ce corps étranger dans la vessie. Dès le moment de son arrivée, il se presenta au Bureau de la Guerre & aux Ministres de la Santé du Roy, qui furent si surpris de ce qu'il avoit la facilité d'uriner avec une bougie dans la vessie, qu'ils voulurent le voir uriner devant eux ; enfin il fut parfaitement guéri dans l'espace de cinq mois, & vécut sans aucuns ressentimens pendant quatre années, au bout desquelles il mourut d'une fluxion de poitrine. Si j'eusse craint de lui envoyer mes bougies, ou que j'eusse exigé qu'il se fût rendu chez moy, il ne lui auroit pas été possible, puisqu'étant bien à son aise chez lui, & secouru par d'habiles Chirurgiens, il n'avoit pas la force de supporter une opération.

Le nouveau Praticien & ſes adherens pourront me demander que deviendra le portier ou ſpincter de la veſſie par l'introduction de mes Bougies, & après les avoir portées ſi long-tems dans la veſſie, ils m'objecteront ſans doute, s'ils ont aſſez de pénetration pour le faire, que ce portier perdra ſon uſage naturel, que les urines couleront involontairement, & que cet accident ſera pire que le premier; mais j'ai des exemples contraires dans l'un & l'autre Sexe, outre l'exemple ci-deſſus, en voici un autre ſur un malade que le nouveau Praticien doit connoître, il n'a qu'à l'interroger; qu'il ſe ſouvienne d'un certain Horloger qu'il a traité infructueuſement pendant plus de ſix mois, & qu'il abandonna en lui annonçant qu'il avoit la pierre, ce malade s'étant fait ſonder, les Chirurgiens l'aſſurerent du contraire; en effet, ſon mal étoit une hiperſarcoſe qui faiſoit ſoupape au ſpincter de la veſſie, il eſt guéri depuis le mois de Decembre 1746 par l'uſage de mes bougies & de mes remedes interieurs, mais cela n'empêche pas de convenir que ce Praticien peut avoir traité quelques malades qui ont été entre mes mains, & je ſuis certain de celui qui ſuit.

Un habitant de Leoganne étant venu à

Paris pour se faire traiter d'une rétention d'urine fut adressé à un de ces Praticiens à la mode, il lui promit de le guérir en peu de tems (c'est leur coutume) le malade ne se trouvant pas mieux après le tems prescrit & l'usage de toutes sortes de remedes, se fâcha beaucoup ; c'étoit un droit qu'il avoit acquis à deniers comptans : on m'envoya chercher , & par le moyen de mes bougies , la supuration s'étant établie le malade urina dans les 24 heures, comme il alloit de mieux en mieux je lui déclarai qu'il falloit songer à l'épurement du sang , il s'y opposa en disant qu'il n'avoit besoin que d'avoir le canal de l'urine nettoyé , & nous nous brouillâmes. Il parcourut de nouveau tous les charlatans & le devint lui-même, au point qu'il se mêloit de traiter ces maladies dans les deux Sexes , & je fus long-tems sans entendre parler de lui, au mois de Septembre 1746 il vint me voir & me dit qu'il alloit se mettre entre les mains du nouveau Praticien, au commencement de Juillet 1747 il m'envoya prier de lui faire une visite.

Je le trouvai dans un état déplorable, jurant & blasphêmant contre ce Praticien, & demandant du secours pour adoucir ses souffrances qui ne lui donnoient de relâche ni jour ni nuit ; mais il avoit été traité

de

de façon qu'il n'étoit plus tems ; il mourut le 4 Août suivant malgré les soins de
M. Badolin fort bon Chirurgien qui y ap-
porta tous les plus puissans secours. Si on
m'obj ête qu'ayant eu ce malade entre les
mains je ne l'ai pas guéri , je répondrai
qu'au moins il n'est pas mort dans les souffrances par l'effet de mes remedes , & je
pourrois ajoûter que s'il eut voulu me
croire dans le tems que je le traitois & se
donner patience, je l'aurois guéri comme
j'ai fait tant d'autres. Son exemple doit
bien apprendre à ne pas se livrer à gens qui
ayant des secrets [fussent-ils mêmes bons
dans certaines occasions] ne connoissent
pas le mal qui en peut résulter dans d'autres, & qui n'ont pas la moindre connoissance des principes de l'Anatomie que nous
devons toujours avoir devant les yeux.

Quoique je sçache parfaitement à quel
point vous êtes versé dans cette science,
& que je me flatte que mes notions ne sont
pas contraires aux vôtres, trouvez bon
que je fasse un petit abregé de la description Anatomique, non-seulement du canal de l'urine, mais encore des parties de
la génération qui en sont les plus voisines
& les plus susceptibles de la communication du levain qui peut les infecter ; puisque malgré les promesses du nouveau

Praticien, vous ne trouverez rien d'é-
quivalant fur ce fujet dans tout fon livre. Je fens bien que je n'ai rien à vous
dire que vous ne fçachiez ; mais c'eft feulement pour montrer qu'au lieu de tant
de pages employées à des vains difcours,
il en eût employé beaucoup moins pour
réalifer fes promeffes, fi fa capacité le lui
avoit permis.

TRAITÉ ANATOMIQUE
du Canal de l'Urine , des parties qui y ont quelque rapport , & des principales Maladies qui peuvent les attaquer,

CHAPITRE PREMIER.

LA *Verge* se trouve placée à la partie inferieure du bas ventre & des os pubis , ou du pénil; sa figure est un corps cilindrique envelopé d'un prolongement de la peau qui lui sert de capsule. La Verge est formée de deux corps que l'on appelle *Caverneux*, ou Cellulaires, accompagnés de muscles & de vaisseaux de toute espece.

Tout le long , & dans la partie inferieure des corps caverneux, dans l'espece de *rainure* ou rigolle qu'ils forment , se trouve placé un canal commun à l'urine & à la semence ; c'est ce canal qu'on appelle *Canal de l'urine*, ou l'Uretre.

La *Peau* de la Verge est une production de l'envelope générale qui fournit deux productions à la partie inferieure du tronc; la premiere forme une capsule, ou gaine, qui se termine à son extrêmité inferieure, laissant une ouverture plus ou moins considerable ; c'est dans cet endroit qu'elle se détache du corps de la Verge pour former une capsule mouvante au gland, de concert avec les prolongemens qui partent des extrêmités du corps caverneux & de la base du gland. Ces productions tapissent l'interieur du prolongement ou foureau qui tient lieu de capsule au corps de la Verge, & se terminent par des troussleaux de fibres circulaires ; elles forment aussi l'extrêmité & l'ouverture appellée *Prépuce*. Ainsi le Prépuce est formé par la capsule générale & particuliere.

A l'égard du second prolongement de l'envelope commune qui se remarque à la partie posterieure de la Verge, & anterieure du fondement, comme ce prolongement a beaucoup de ressemblance à une double bourse, aussi s'appelle-t'il les *Bourses* ; elles sont separées en deux cavités par une cloison mitoyenne qui forme deux capsules pour contenir chacunes les parties nécessaires à la génération, nommées *Testicules*.

La capsule de la Verge forme dans sa surface interne, de concert avec les corps caverneux, & avec le canal de l'urine, une

fubftance fpongieufe, ou cellulaire, par
l'arrangement & la diftribution des fibres
motrices, & des differens vaiffeaux qui
entrent dans cette compofition, ce qui
donne non-feulement une élafticité à cette
capfule, mais encore l'oblige à prêter en
fens differens.

Il faut obferver que les capfules de la
Verge & des bourfes font criblées d'une
infinité d'ouvertures infenfibles, & que
la fubftance cellulaire qui fe trouve dans
le prépuce, eft commune, tant à la partie interne, qu'à la partie externe. Les
vaiffeaux de cette fubftance fe déchargent
également dans la furface externe & dans
l'interne, & rapportent auffi la même fubftance par les differentes opérations.

Il faut encore remarquer que la capfule de la Verge ne peut être alterée par les
corps étrangers qui viennent du dehors,
que par une furface, tandis que le prépuce peut l'être par fes deux furfaces.

Les corps caverneux deftinés à former
le corps de la Verge, font au nombre de
deux, l'un fitué à la partie laterale droite, & l'autre à la partie laterale gauche.
Ils forment par leur origine deux corps
enfermés dans des capfules particulieres, &
fe réuniffent en s'adoffant à quelque dif-
tance des points d'où ils partent, en for-

mant la lettre V, & finiſſant par la lettre I,
ce qui leur donne depuis l'origine juſqu'à
l'autre extrêmité, la figure complette de
la lettre Y.

Ces deux corps unis enſemble par ſymphiſe, ſe communiquent par les vaiſſeaux
qui s'y diſtribuent, percent la cloiſon
qui les ſepare & font communication de
l'une à l'autre part.

La ſubſtance des corps caverneux peut
être comparée à celle de la rate, & aux
vaiſſeaux ſeminaires. Lorſque l'on ſouffle
un de leurs vaiſſeaux, ou qu'on les injecte,
on apperçoit inſenſiblement la communication de l'un avec l'autre, par le gonflement ou diſtenſion.

A l'égard du *gland*, il ne fait pas partie des corps caverneux. La preuve eſt
qu'on a beau les ſouffler, ou les injecter,
il n'en reçoit aucun changement; il n'eſt,
pour ainſi dire, qu'une production redou-
blée du canal de l'urine.

Les principes ou attaches des corps caverneux, ſont au nombre de quatre; les
deux premiers ſont deux corps membra-
neux & ligamenteux, épanouis, qui partent des parties laterales de la ſymphiſe,
ou jonction des os pubis, & de leur partie anterieure, & vont ſe terminer à la
partie ſuperieure des deux branches ou

racinesdes corpscaverneux, en s'épanouiſ-
ſant ſur ces deux branches ou corps.

La troiſiéme & quatriéme attache ſont
les veritables corps caverneux, qui partent chacun de leur côté des jonctions des
os *Iſchium* & *Pubis* ; ces corps ne ſem-
blent faire qu'une continuité de ces os ,
avec cette difference, qu'à peine ils en
partent, qu'on les voit ſe metamorphoſer
tout d'un coup en parties qui tiennent
lieu de ligamens en état de ſe gonfler &
de s'abbaiſſer, ſuivant les cas ; ces deux
corps caverneux ainſi joints enſemble, forment interieurement une rainure pour loger la partie ſuperieure du progrès du
canal de l'urine.

On obſerve deux autres ligamens aux
corps caverneux, qui ne ſont autre choſe
que des corps ligamenteux épanouis, qui
partent de la partie interieure & inferieure
des *os pubis*, au-deſſus des corps caverneux, ces ligamens ſont placés ſous les deux
premiers.

Les muſcles de la Verge ſont au nombre de ſix ; les deux premiers ſont nommés *érecteurs*, parce qu'on prétend qu'ils
roidiſſent la Verge lorſqu'ils viennent à
ſe contracter. Ces deux muſcles partent
poſterieurement de la jonction des os *pubis* & *Iſchium*, accompagnent les corps ca-

verneux , & vont se terminer après la jonction de ses corps immediatement au-devant des ligamens superieurs.

Le troisiéme & quatriéme de ses muscles sont nommés *accélerateurs*, parce qu'ils accelerent, à ce que l'on prétend, le cours des urines & de la semence ; ces deux muscles prennent leur origine au sphincter, ou portier du fondement, & continuent leur route de derriere en devant le long des parties laterales de l'endroit du canal de l'urine, appellé *Bulbe*, & finissent anterieurement aux parties laterales des corps caverneux.

Le cinquiéme & sixiéme de ses muscles sont appellés *Transversaux*, parce qu'ils sont dirigés transversalement ; ils prennent leur origine lateralement & exterieurement des tuberosités des os ischium, & vont se terminer lateralement au bulbe. On leur donne pour usage de dilater le bulbe ; mais il y a lieu de croire que leur veritable fonction est de comprimer les glandes prostates inferieures dans leurs actions.

Le *gland*, partie inférieure de la Verge, est d'une figure conique émoussée, sa substance est charnue, compacte, serrée, & d'un sentiment très-vif ; sa base du côté de la Verge est en forme de couronne, & son extrémité est émoussée & percée au milieu, par le canal de l'urine avec lequel elle ne fait qu'un feul corps, puifque dans les macérations qu'on en fait, le gland fe décole des corps caverneux & refte adhérant au canal *de l'urine*; c'eft de la jonction du gland avec les corps caverneux & de toute cette étendue que partent des trouffeaux de fibres qui ont pour ufage de former la capfule interne du prépuce, & c'eft du même endroit que partent plufieurs vaiffeaux excrétoires qui fourniffent une liqueur épaiffe appellée fébaffée, pour lubrifier le gland & l'intérieur du prépuce.

Il faut obferver que les trouffeaux qui partent de la circonférence du gland & de l'extrêmité des corps caverneux forment une trame, ou tiffu, qui a pour ufage de s'adoffer à celui que la peau extérieure fournit pour le prépuce, & fe joindre l'un à l'autre pour former une efpece de fphincter, ou trou circulaire à l'extrêmité du même prépuce qui obéit en certain cas.

La feconde production, ou allongement de la peau à la partie inférieure du tronc, eft celle qu'on nomme *les bourfes*, ainfi qu'il a été dit ci-deffus; leur figure fait paroitre qu'elles font divifées en deux par une cloifon mitoyenne.

Cette cloifon eft une continuité de la jonction des parties, par le prolongement des vaiffeaux collateraux & des fibres motrices, qui laisse une espece de couture, ou simphise qui se continue tout le long de la partie inférieure & extérieure du canal de l'urine, depuis le fondement, & les bourses, jusqu'à l'extrémité de la Verge, où elle produit un prolongement qui s'étend presque jusqu'à l'extrêmité du gland; c'est ce prolongement qu'on appelle *le filet*, ou *le frein du gland*, tel que celui qu'on remarque sous la langue; le progrès de cette couture du côté du Périnée s'appelle *Raphé*.

La peau des bourses se trouve ridée par rapport aux actions des deux muscles qui lui sont adossés interieurement, & qui se touchent l'un l'autre dans leurs parties laterales internes, en formant une cloison, ce qui fait deux cavités sensibles, destinées chacune à loger un testicule, pour empêcher qu'ils ne se froissent l'un contre l'autre, & que lorsqu'un d'eux est vicié il ne communique à l'autre sa mauvaise disposition; ces muscles sont appellés *Dartos*; leur usage est de relever les bourses, & d'en soutenir le poids; ils sont des productions de ceux du bas ventre ou des ligamens tranlversaux.

L'adossement de la peau des bourses avec le *Dartos* forme une substance cellulaire qui leur est commune; la surface in-

terne des bourſes eſt inégale , auſſi bien
que la ſurface externe du *dartos*.

Le Dartos eſt interieurement uni , liſſe ,
& poli ayant des ouvertures inſenſibles ,
dont les unes ont pour uſage de dépoſer
une liqueur lymphatique pour lubriſier
cette cavité , & les autres de faciliter le
tranſport de cette matiere qui ſeroit trop
abondante , & ne manqueroit pas de cauſer des indiſpoſitions aux cavités , & aux
parties qu'ils contiennent.

On trouve dans les cavités du *dartos* deux
corps ellyptiques , liſſes & polis , l'un
dans la cavité droite , & l'autre dans la
cavité gauche , ce ſont ces corps qu'on
appelle teſticules ; ils ſont toujours ren-
fermés dans trois capſules chacun.

La premiere capſule eſt externe , libre
dans la cavité du *dartos* , unie , liſſe &
très-polie par ſa ſurface externe , mais
inégale par ſa ſurface interne;parce qu'elle
s'adoſſe à une membrane qui lui eſt op-
poſée interieurement , & forme une ſubſtance cellulaire qui a pour uſage de fournir & recevoir, tant interieurement qu'exterieurement les liqueurs qu'elle dépoſe &
qu'elle eſt en état de recevoir continuellement cette premiere capſule ſe nomme
cremaſter.

La ſeconde capſule eſt interieure au

cremafter, elle fe nomme *vaginale*, &
fert de gaine aux tefticules; elle eft blanche, unie & polie, c'eft une production
du peritoine, qui conduit les vaiffeaux
qui vont aux tefticules jufqu'à l'entrée des
bourfes, enfuite elle les abandonne pour
s'adoffer au *cremafter*.

Ces deux membranes forment une
fubftance cellulaire entre elles, unie, liffe
& polie par leur furface externe & interne;
elles aident à former des cavités exte-
rieures & interieures; c'eft de leur fubftance cellulaire que partent des vaiffeaux
deftinés à porter une liqueur pour lubrifier l'une & l'autre cavité, tandis que
d'autres partent des deux furfaces pour
rapporter l'excedent de cette liqueur;
c'eft l'action de ces deux membranes, qui
donne le jeu aux tefticules, & fert à leur
opération.

La troifiéme capfule fe nomme *albugi-
neufe*, elle fournit dans tous les points imaginables de fa furface interne des fibres
motrices, qui fe diftribuent en tout fens
pour former un raifeau ou lacis commun
pour faciliter la diftribution & la divifion
des vaiffeaux; c'eft dans l'étendue de ce
raifeau que les arteres fourniffent de point
en point des vaiffeaux differents, les uns
lymphatiques & feminaires, les autres
aqueux,

aqueux, & enfin des sanguins veineux, qui gagnent la partie inferieure des testicules ou didimes, sortent de leur substance & forment ensemble un corps appellé *épididime* ou surtesticule.

C'est une erreur de croire que la semence se trouve separée dans la substance du testicule par filtration, & qu'elle est déposée dans un reservoir appellé de *Digmore*; cette matiere ne sort point des vaisseaux qui lui sont destinés & qui émanent des parties collaterales de ceux qui distribuent dans ces substances; elle enfile des vaisseaux propres qui la conduisent hors de la substance des testicules, & se réunissent les uns aux autres pour se terminer à des vaisseaux communs nommés *déferens*.

Les vaisseaux qui partent de la substance des testicules forment chacun en particuculier un seul tronc, & tous ensemble composent à la sortie du testicule cette exhuberence appellée *épididime*; à l'égard des vaisseaux veineux ils achevent de se réunir vers les anneaux des muscles du bas ventre, & vont se terminer, sçavoir; celui du côté droit à la veine cave ascendante, & celui du côté gauche à la veine émulgeante; les lymphatiques se terminent à ceux de la capacité du bas ventre.

Il faut observer qu'avant de conduire

les vaisseaux seminaires à leur destina-
tion, le testicule n'a point de réservoir
pour la semence, les testicules des rats &
des loirs nous prouvent cette vérité ; si
l'on fait macerer leurs testicules, on développe ces vaisseaux au point qu'on les
trouve tous contigus, & non séparés ; les
testicules de ces animaux ont cela de com-
mode, qu'on sépare aisement le lacis que
les vaisseaux forment dans la substance des
testicules mêmes. Enfin il faut tenir pour
assuré que les arteres spermatiques en se
divisant & subdivisant fournissent trois
especes de differens vaisseaux & que chacun dans son espece ne reçoit que la partie
du fluide qui se trouve propre à enfiler
chacun des vaisseaux qui lui ont été destinés.

Tous les vaisseaux seminaires, c'est à
dire, dont l'usage est de conduire la matiere seminale, se trouvant réunis dans la
substance de *l'épididime*, n'en forment
plus qu'un seul qui se porte de bas en
haut, en suivant le progrès des autres
vaisseaux qu'on nomme *spermatiques*, qui
rapportent des testicules au bas ventre,
par les anneaux des muscles où ils passent ;
à peine y sont-ils entrés dans la capacité
qu'ils forment une courbure pour gagner
la partie posterieure de la vessie, & aller

fe terminer chacun de fon côté à la partie laterale externe dans toute l'étendue des réfervoirs de la femence, appellés *veffi-cules feminaires*. Il ne faut pas douter que ces vaiffeaux ne foient des mufcles creux compofés de deux tuniques, & deftinés à ces ufages, puifqu'en les foufflant, ou en les injectant on gonfle les réfervoirs, & l'on voit fortir la liqueur par deux canaux de décharge des veflicules femi-naires dans le canal de l'urine au deffus des proftates; ces canaux font appellés *défe-rens*, parce qu'ils conduifent la femence des tefticules aux refervoirs où ils fe ter-minent par une infinité d'ouvertures.

Les réfervoirs de la femence appellés *veffcules féminales* ou *féminaires*, font deux corps cellulaires qui fe trouvent placés à la partie pofterieure de la veffie, l'un à droite, l'autre à gauche de fon col; ils fe réuniffent inferieurement, ayant dans leur réunion une cloifon mitoyenne qui fournit des communications de l'un à l'au-tre, par des ouvertures particulieres.

Ces ouvertures, ou communications du canal à la veflicule, ne font qu'une conti-nuité de divifion de ces vaiffeaux défe-rens, ou de tranfport; les vaiffeaux dé-ferens fe déchargent de la matiere femina-le dans les veflicules; ces réfervoirs font

adoſſés & liés par ſimphiſe, & il y a communication de l'une à l'autre veſſicule ;
cette opération eſt la même que celle qui
ſe fait aux corps caverneux à la différence
de la matiere, qui dans ces derniers n'eſt
que du ſang & de la lymphe.

Les veſſicules ſeminales ne ſont autre
choſe qu'un groupe de cellules qui ſe
communiquent; elles forment un raiſeau
comme la ratte lorſqu'elle eſt gonflée,
préparée & deſſéchée; ces parties reçoivent leurs vaiſſeaux des hypogaſtriques,
& fourniſſent des vaiſſeaux de tranſports
lymphatiques, ſeminaires & veineux.

Il faut obſerver que la diſtribution des
arteres qui parcourent la ſubſtance des
teſticules, fourniſſent aux vaiſſeaux ſeminaires qui partent de leur ſubſtance, une
liqueur ſpiritueuſe & déliée qui réſulte
d'un mélange du ſang arteriel, & de l'eſprit animal; ils ſuivent le progrès de ces
differents vaiſſeaux, & gagnent ceux qui
ſont communs appellés *deferens*, pour
être conduits dans les reſervoirs de la ſemence, opération qui ſe pratique continuellement dans le temps où le corps a de
la vigueur, mais qui ceſſe dans un âge
avancé.

C'eſt donc une erreur de croire que la
ſemence ſejourne dans ces reſervoirs, &

qu'elle attende les operations volontaires
de la nature ; les chiens & autres animaux
qui n'ont point de ces réservoirs, prouvent qu'il faut de toute necessité que dans
leur coït, cette matiere se porte directement des testicules au canal de l'urine ;
aussi la nature les a-t'elle doués de corps
caverneux qui sont osseux.

Cette matiere seminale dans l'homme,
ainsi que dans tous les animaux qui ont des
reservoirs, passe à mesure qu'elle s'y trouve fournie & déposée dans les bouches des
vaisseaux seminaires ; j'appelle *vaisseaux séminaires* des petits pores qui donnent nais-
sance à des vaisseaux limphatiques & de
transport qui partent des vessicules, & qui
se terminent à d'autres vaisseaux limphatiques ; leur usage sert à faciliter le cours
de la semence, & à suivre les loix du mouvement circulaire ; ainsi la semence pene-
trant dans tous les vaisseaux seminaires qui
partent de ces reservoirs, est conduite
insensiblement dans les vaisseaux limphatiques ou aqueux pour se meler avec la
colonne du fluide, & lui donner une per-
fection qui rend l'homme vigoureux,
joyeux, & content, sans qu'il en sçache la
cause, ce qui ne peut arriver à ceux qui
sont châtrés, non plus qu'à ceux qui sont
épuisés par des excés.

On doit donc conclure qu'il y a de l'i-
gnorance ou de la mauvaise foy, de faire
entendre aux personnes attaquées d'ancien-
nes gonorhées, soit que ces personnes
soient jeunes, ou vieilles, qu'il n'y a point
de guerison pour ces maladies, sous pré-
texte qu'elles sont fomentées par un flux
continuel de semence, c'est l'erreur de
tous ceux qui ignorent l'usage de ces parties, & les operations de la colomne du
fluide; puisque ces pretendues pertes de
matiere seminale ne sont autre chose que
de vieux ulceres qui ont rongé les vaisseaux destinés aux parties; à mesure que
le fluide qui se presente s'extravase, il se
trouve métamorphosé en pus dont l'écoulement est continuel, tant que la maladie
subsiste.

Le canal de l'urine est commun à l'urine
& à la matiere seminale; il n'est autre chose
qu'un muscle creux & un prolongement
de la vessie, jusqu'à l'extrémité du gland;
ce canal est composé d'une seule capsule
criblée d'une infinité d'ouvertures qui sont
la chute des canaux de décharge qui partent de la substance cellulaire, pour fournir une liqueur mucilagineuse qui lubrifie
le canal de l'urine. Il faut observer qu'à la
chute de chaque petit canal il y a aussi
des soupapes dirigées comme celles des

canaux qui servent à la semence ; pour les défendre de l'acrimonie des sels de l'urine qui y passent.

La partie du canal de l'urine depuis le Sphincter, ou portier de la vessie, jusques vers les os pubis est en état de se distendre, & forme une cavité plus considérable que le surplus du canal, environnée & accompagnée de muscles destinés aux opérations de la verge ; c'est cette partie plus vaste qu'on appelle le *bulbe* du canal de l'urine ; mais le reste de ce canal se trouve diminué de volume, parce qu'il est gêné, & relevé par les ligamens qui assujetissent les corps caverneux aux os pubis, où il se trouve très-adhérent aux mêmes corps caverneux.

C'est à l'extrêmité *du bulbe* qu'on remarque les corps appellés *prostates inférieures*, la crête de coeq, ou *verumontanum*, & la chute des canaux de décharge des vesicules séminaires.

Les prostates inférieures sont ainsi nommées, parce qu'il y en a deux supérieures qui sont placées à la partie postérieure du col de la vessie, directement au dessus de son sphincter ; elles ont pour usage de fournir une liqueur sebassée pour le lubrifier.

Les prostates inférieures sont placées à

la partie inférieure, & collatérale de cette partie du canal nommée *bulbe* ; ce font des glandes plus ou moins confidérables, qui par plufieurs ouvertures fourniffent au canal de l'urine une liqueur épaiffe tenant de la nature du fuif pour lubrifier cette partie : il n'y a pas lieu de douter que cette matiere ne ferve de véhicule à celle de la femence, parce que ces glandes font à portée des canaux excrétoires des veffi-cules féminaires.

A l'égard de la crête de coq, *crifta galli*, ou *verumontanum*, c'eft une éminence qui s'éleve au milieu des proftates inférieures, & qui les fépare en deux très-diftincte-ment. Cette éminence eft piramidale, elle a fa bafe entre les deux proftates, & fe porte en long de bas en haut, en finiffant en pointe ; il y a lieu de croire qu'elle s'eft formée lors de la réunion de ces parties par fimphife. Cette éminence, fans faire de cloifon parfaite, divife le canal en deux rigoles en cet endroit feulement, de ma-niere que s'il arrivoit une indifpofition d'un côté, l'urine auroit fans doute un paffage libre du côté oppofé.

Quelques lignes au deffous des profta-tes, & de la crête de cocq, on remarque à droite & à gauche deux *tentes* ou foupa-pes tranfverfales féparées l'une de l'autre,

& très-diſtinctes , faiſant des ponts ſupérieurement aux canaux de décharge de la
ſemence , & placés inférieurement aux
proſtates ; ces deux ſoupapes forment
deux cavités dans leſquelles on pourroit
introduire un grain de bled ou d'orge ;
elles ont pour uſage de s'oppoſer à l'entrée
de l'urine , parce que lorſqu'elle coule
dans le canal , elles s'affaiſsent , & ne ſe
relevent ou prêtent que lorſque la matiere
ſéminale ſe préſente ; c'eſt dans ces deux
cavités qu'aboutiſsent les deux vaiſseaux
qui partent des veſſicules ſéminaires , &
par où ils expulſent la matiere ſéminale.

Il faut remarquer que dans cette partie
du canal de l'urine & de la verge , lorſqu'elle eſt relâchée , il ſe trouve un coude
appellé le *tournant*, il eſt le premier qui
fait croſſe ſupérieurement & courbure
inférieurement , l'autre coude joint au
premier forme la lettre S ainſi renverſée
ς , & ſe trouve à la terminaiſon du ſphincter de la veſſie , & au commencement de
la partie ſupérieure du canal nommé *bulbe*.

Depuis ces parties juſqu'à la racine du
gland le canal eſt aſſez égal , mais à la baſe
ou racine du gland il forme une foſſette
au coude , parce qu'il eſt forcé de ſe relever de bas en haut , pour ſurmonter
l'obſtacle que cette baſe lui préſente.

Cette foſſette ou cavité eſt appellée *foſſe naviculaire*, ou triangulaire; elle a la baſe appuyée ſur le gland , & ſe porte de bas en haut en s'iſolant, ce qui fait que lorſque cette partie du canal eſt attaquée de quelqu'ulcere, on a beaucoup de peine à la traiter ; enfin le canal de l'urine ſe termine à l'extrémité du gland.

Les vaiſſeaux de la verge & de toutes les parties qui la compoſent, auſſi bien que ceux du canal de l'urine, ſont des nerfs & des arteres qui ſont fournis par les hypogaſtriques qu'on nomme *honteu* ; ceux qui ſe terminent dans les parties les plus cachées ſe nomment internes, & ceux qui ſe terminent extérieurement ſont appellés externes.

Les vaiſſeaux de tranſport ſont des veines & des conduits lymphatiques qui rapportent à ceux de l'hypogaſtre. A l'égard des vaiſſeaux de décharge, les uns fourniſſent à la ſurface de la peau , & les autres à la ſurface intérieure du prépuce dans l'étendue de la capacité du gland.

Les ſubſtances des tiſſus cellulaires externes de la verge , du canal de l'urine & des bourſes, ont leurs canaux de décharge nommés *excrétoires* , dont les uns fourniſſent à la ſurface de la peau une liqueur aqueuſe ou lympide, & les autres une liqueur épaiſſe & graiſſe appellée *ſébaſſée*, les mêmes évacuations ſe paſſent ſous le prépuce, la liqueur aqueuſe eſt fournie par le prépuce lui-même, & la ſébaſſée par la circonférence de la baſe du gland.

La ſubſtance cellulaire propre au canal de l'urine, ne fournit qu'à l'interieur du canal dont la capſule très-fine, ſenſible & déliée n'eſt autre choſe qu'un vaiſſeau parſemé de petites ouvertures dans toute ſon étendue ; ces ouvertures ſont la terminaiſon des vaiſſeaux de décharge qui partent de la ſubſtance cellulaire. On trouve ſouvent de ces ouvertures qui ſont aſsez conſidérables appellées *lacunes*, ayant des ſoupapes dirigées de haut en bas, pour défendre les vaiſſeaux de décharge contre les ſels de l'urine ; elles ſervent au même uſage que celles qu'on remarque à la chute des canaux qui dépoſent la ſemence dans le canal de l'urine.

Après la deſcription qui vient d'être faite du canal de l'urine & des parties qui l'accompagnent & l'environnent, il eſt néceſsaire d'entrer dans l'examen des maladies qui peuvent les attaquer & troubler le cours de leurs opérations. Je ne parlerai ici que des principales.

CHAPITRE II.

Des maladies principales qui attaquent le canal de l'urine & les parties qui l'accompagnent.

LA plûpart des maladies qui attaquent les parties génitales, sont les inflammations, les tumeurs, les déchiremens, les écoulemens vicieux, les hypersarcoses, le défaut de l'écoulement, ou d'excrétion d'urine & le reflux de matiere qui infecte le sang par des levains étrangers, qui s'insinuent dans ces parties par les frictions qui se font dans le temps du congrès.

La promptitude de l'action, & des opérations de la verge est si grande, qu'on ne peut se la représenter qu'en idée, il ne lui faut qu'un clin d'œil pour la mettre en jeu par le moyen du mélange du sang arteriel & de l'esprit animal; c'est ainsi que l'imagination étant vivement frappée dans un homme bien constitué, les muscles de la verge se contractent, les corps caverneux qui contiennent la distribution des vaisseaux s'engorgent, la résistance des os pubis avec l'action des parties contenues dans l'hypogastre s'opposent au retour
du

du fluide diſtribué à la verge ; les teſticules
ſe trouvent relevés & forcés, le canal
déférent conduit la matiere ſéminale aux
réſervoirs ; ces reſeruoirs eux - mêmes
ſont comprimés, ainſi que les proſtates
& toutes les parties néceſſaires à l'opération ; tout étant ainſi en reſſort, la verge
introduite dans le vagin de la femelle parſemé de rugoſités, fait pluſieurs frictions
à cette partie, de maniere que l'idée join-
te à la ſenſation accélere le départ de
la ſemence, accompagnée de la matiere
des proſtates qui lui tient lieu de véhicule, & s'élence dans le vagin, pour ſuivre les loix que la nature lui a preſcrites.

C'eſt de l'introduction de la verge & de
ſes frictions, que dépendent la plupart
des maladies qui l'affligent, ainſi que ſes
parties circonvoiſines, lorſque celles de la
femme ſe trouvent imbues d'un levain pénétrant & cauſtique qu'on appelle *virus*,
lequel par ſon ferment arſenical cauſe les
différentes maladies dont nous venons de
parler, & enfin la vérole.

Dans le temps de l'introduction de la
verge, & en conſéquence de la friction, ſi
les pores ſont diſpoſés à recevoir le levain
vicieux, il portera un coup ſenſible aux
aînes, ou à la peau, ou à la verge, ou au
prépuce, ou au gland, ou aux bourſes, ou

même à plufieurs de ces parties à la fois.

Si ce levain enfile les pores des aînes, il s'oppofera au cours des vaiffeaux fanguins de la peau, & y caufera de l'inflammation ; s'il fe porte jufqu'aux glandes des aînes, il s'oppofera au cours de la lymphe, les glandes fe gonfleront & formeront des tumeurs appellées *Bubons*, ou *Poulains*.

Si cette matiere morbifique agit fur le corps de la verge, elle y caufera une legere inflammation, qui précedera une petite tumeur, laquelle fe durcit, s'abfcede & s'ouvre ; un ulcere enfin fe develope, & fes bords deviennent calleux ; c'eft cette érofion qu'on appelle *Chancre*. Il en peut venir de même au prépuce exterieurement, ou intérieurement, fur tout à la bafe du gland, & cette maladie peut même attaquer les bourfes.

Pour remedier à ces maladies, il faut les attaquer promptement, afin de les ramollir, les tourner en fupuration, & les traiter le plus methodiquement qu'il fe pourra, pour parvenir à la réunion des parties divifées, & bien prendre garde qu'il n'y refte point de dureté, ou callofité, parce que ce feroit un foyer, tant pour la partie, que pour tout le corps.

Si ce levain fe porte dans le canal de l'urine, la personne attaquée se plaindra de douleurs dans cette partie , & presque toujours de rétentions d'urine ; cet accident n'est autre chose qu'un engorgement dans la propre substance du tissu cellulaire du canal qui l'empêche d'y fournir le suc doux & balsamique destiné à le lubrifier.

Lorsqu'on est atteint de cette maladie, on a de la peine à uriner, & pour peu qu'on rende d'urine, on ressent des douleurs très - vives & insupportables ; on appelle cette maladie *Chaudepisse*, parce que les malades ressentent dans le canal en urinant des douleus aussi piquantes, que s'il y couloit de l'eau forte. Dans une maladie de cette nature , on ne doit point oublier les remedes generaux , pour appaiser l'inflammation , sans quoi l'incendie pourroit attaquer non-seulement toutes les parties de la génération , mais encore toute l'étendue du corps.

On remarque deux sortes de *Chaude-pisses*, l'une externe , l'autre interne ; l'externe arrive aux personnes qui ont un *phimosis* naturel qui empêche que le prépuce ne puisse découvrir le gland, ou qui ne permet qu'il se découvre qu'avec beaucoup de difficulté. Cette chaudepisse très-souvent se trouve causée par la matiere sebaffée qui coule des glandes qui font à la bafe du gland, laquelle venant à s'aigrir, caufe des accidens qui ne font pas confiderables, puifqu'on peut les guérir par la feule injection du vin, ou autres liqueurs convenables.

Le phymofis eft naturel, ou contre nature; naturel, lorfque le prépuce ne découvre pas de lui-même le gland.

Le phymofis eft contre nature, lorfque le prépuce couvre le gland par maladie.

Le *paraphymofis*, eft lorfque le prépuce eft renverfé & hors d'état de couvrir le gland; il y en a de deux efpeces, l'un naturel, & l'autre contre nature.

Le naturel eft lorfqu'on a toujours eu le gland découvert dès l'âge le plus tendre, fans qu'il ait pû fe rétablir. Le paraphymofis contre nature, eft celui qui eft caufé par quelque accident; il n'eft que paffager.

Le phymofis & le paraphymofis accidentels, font le plus fouvent caufés par un chancre placé dans la partie interne ou externe du prépuce; ces maladies doivent être promptement fecourues.

A l'égard des chaudepiffes internes, il y en a de vraies & de fauffes; les *fauffes* ne font autre chofe que des inflammations ou engorgement de vaiffeaux de la fubftance cellulaire du canal, caufée par une trop grande *plethore* du fluide ; cet embarras refufant aux vaifseaux de décharge du canal, la matiere qui lui eft propre pour le lubrifier, c'eft ce qui caufe une ardeur d'urine qu'on nomme *chaude-piffe*. Les remedes généraux ont bien-tôt mis ordre à ce genre de maladie, quand ils ont procuré par le relâchement un grand écoulement de lymphe épaifse, qu'on prendroit pour une matiere puru-lente. Cette maladie fe termine en huit jours, par l'ufage des feuls remedes adou-cifsans.

Quant aux *chaudespiffes vraies*, leur ca-ractere eft bien oppofé, puifque le plus fouvent elles font très-pernicieufes, dou-loureufes & opiniâtres ; leurs caufes font differentes, fuivant le fentiment de plu-fieurs Praticiens, qui prétendent que le virus que la femelle fournit pendant les frictions de la verge, enfile le canal de l'urine, le parcourt & s'y attache, en fe fixant en quelque point du même canal.

Mais je dis que ce fentiment eft une er-reur des plus groffiere, & que toute acti-ve que pourroit être cette matiere, elle ne peut s'attacher au canal, parce qu'elle ne peut l'enfiler. En effet, comment pour-roit entrer ou pafser un fluide dans un vaiſſeau qui chaſſe une autre liqueur avec rapidité ? & ſuppoſant même pour un inſtant qu'il n'en chaſſe point, on ne pourroit diſconvenir que le canal de la partie du mâle étant lubrifiée par une liqueur onctu-uſe, arrêteroit l'action & le progrès de cette matiere morbifique; d'où je conclus que le virus venerien ſe trouvant appliqué ſur la ſurface de la peau, dans quelque partie que ce ſoit, ſe niche dans les ouvertures des meats de tranſports & y acquiert du mouvement, parce que d'une part il ſe trouve diviſé par le fluide qui y eſt apporté, & que de l'autre il eſt forcé par la partie la plus ſubtile de la matiere environnante du fluide, à ſuivre les loix du mouvement; c'eſt-à-dire, que ce levain parcourt les petits vaiſſeaux de tranſport, gagne inſenſiblement les vaiſſeaux lymphatiques, ſe mêle avec les autres fluides, coule enſuite de vaiſſeaux en vaiſſeaux, & eſt charié au réſervoir commun de la lymphe, où il infecte l'une & l'autre liqueur, en leur fourniſſant ſes principes viciés, auſſi-bien que dans tous les vaiſſeaux où il a coulé; enfile le canal *thorachique*, d'où il eſt porté dans la ſouclaviere, & de là au ventricule droit du cœur, & au poulmon, où il reçoit une nouvelle diviſion & une nouvelle force, par les parties ſubtiles &

aëriennes , & paſſe enfin au ventricule gauche du cœur , & enſuite dans l'artere *aorte.*

C'eſt par le moyen du mouvement circulaire que ce levain eſt diſtribué dans toutes les parties du corps, & qu'il ſuit le mouvement de la colomne du fluide, après l'avoir ſurchargé & empoiſonné à force de répétitions & de circulations, de maniere que quelque atôme du même levain n'étant plus en état de ſuivre le mouvement du fluide contenu dans les vaiſſeaux, ſéjourne dans les parties diſpoſés à le recevoir , y fait des progrès trés-dangereux & ſuivant les diſpoſitions , il porte ſon corps en differens endroits, comme il a été dit ci-devant.

Suppoſons par exemple que ce levain ſe fixe dans un point de la ſubſtance cellulaire du canal de l'urine ; il rongera inſenſiblement ſa ſubſtance, & cauſera inflammation, enſuite une tumeur & des douleurs cûiſantes, ſuivies d'une ardeur d'urine, qui perſiſtera juſqu'à ce qu'il ſe faſſe une ruptionà la tumeur, qui dégenere en ulcere d'où s'écoule une matiere purulente. Les mêmes accidens peuvent arriver à tous les points imaginables du canal, auſſi bien qu'aux proſtates qui en font partie.

Il peut ſe faire auſſi des irruptions au

canal de l'urine fans aucune caufe vénérienne, ce qui arrive quelquefois quand
un homme fort, vigoureux, très-échauf-
fé & plectorique, fe fatigue beaucoup avec
une femme, alors des vaiffeaux variqueux
venans à être forcés, il peut fe faire quelque irruption des vaiffeaux fanguins qui
caufe une hémoragie par le canal de l'u-
rine.

Si l'on ne donne point le temps à ces
vaiffeaux de fe réunir, & de former de bon-
nes cicatrices, l'hémoragie recommance,
les irruptions forment des ulceres à la capfule du canal, on reffent des irritations
caufées par l'acreté des fels de l'urine, les
bords de ces ulceres s'écartent, deviennent
durs & calleux, & le fond des mêmes ulceres n'en fourniffant pas moins le fuc
nourricier deftiné dans l'état naturel à
entretenir & à lubrifier le canal, s'extra-
vafe par la rupture des vaiffeaux, & fe
change en matiere purulente, dont l'é-
coulement eft tantôt rouge, tantôt verda-
tre ou jaunâtre, & le plus fouvent blanchâtre; c'eft cette maladie qu'on appelle
gonorrhée.

Si ce levain après les accidens d'inflammation & de tenfion attaque les proftates
fupérieures ou les inférieures, il leur arrive relâchement ou ruption, la matiere

qui en découle ronge infensiblement les pores ou vaisseaux, de maniere qu'il en réfulte des ulceres, d'où coule une abondance de matiere putulente, & le plus fouvent ces ulceres fe réunifsent en un feul, qui fournit un écoulement de matiere que quelques-uns prétendent faufsement être un flux de femence. La guérifon de ces maladies eft très-difficile, & même elle feroit fans efpoir fi les refervoirs ou canaux de décharge de la femence étoient attaqués, comme on le fuppofe.

Une raifon bien forte & qui détruit l'erreur de ces prétendues pertes de femence, eft qu'il faudroit qu'à tous les differens âges, les tefticules continuaffent à fournir de la femence, & que les refervoirs fufsent toujours pleins; mais eft-il poffible de s'imaginer qu'un homme de foixante-dix ans puifse avoir un flux de femence, quoique la plûpart des Miniftres de la fanté l'ayent avancé jufqu'à prefent?

Quand on differe de remedier à ces ulceres, ils font de grands progrès en étendant leur circonference; leurs bords fe rebrouffent ou fe renverfent toujours en deffous, ils deviennent calleux, enfin le fluide n'ayant plus de cours dans les points de ces capfules léfées fait auffi des progrès dans le fond des ulceres, & produit des *hyperfarcofes*.

On appelle *hyperfarcofes* des excroiffances de chair qui fe forment dans le canal
de l'urine, ou part-tout ailleurs ; parce
que le fluide qui parcourt les vaiffeaux
dont les diftributions qui étoient defti-
nées à former en partie la trame de la
capfule font ruinés, ne trouvant plus de
bornes ni de réfiftance, & ne pouvant
continuer fon cours de vaiffeaux en vaiffeaux, s'employe à former ces efpeces de
végétations qui s'alongent & s'étendent
dans les lieux où elles ne trouvent pas de
réfiftance, comme dans le canal de l'urine
pendant qu'elles croiffent dans leurs bafes
ou pédicules, qui rempliffent peu à peu
la cavité de l'ulcere qui les étrangle par
fa circonférence, de forte que le fluide ou
fuc nourricier qui fe trouve continuellement porté du centre à la circonférence,
& à l'extrémité de cette tumeur, & ne
peut rétrograder ou être rapporté à la
partie qui le fournit, à caufe de cet étranglement, ce qui fait que l'excroiffance aug-
mente fans ceffe, fe durcit par la préfence
des fels de l'urine, fait un obftacle à fon
canal & le bouche de façon que les urines
ne peuvent plus fuivre leur cours & font
obligées de refluer, ce qui caufe un affreux
défordre; ces excroiffances étrangeres dont

nous venons de parler, & qu'on appelle aussi *carnosités* peuvent arriver de même dans plusieurs points du canal, suivant la situation des ruptions.

Par exemple; si les prostates superieures sont ulcérées, il peut s'y engendrer des hypersarcoses, lesquelles n'ayant point de bornes du côté de la vessie, s'étendent, se durcissent, s'inclinent & s'affaissent par le poids des urines sur le sphincter de la vessie, auquel elles font l'office de soupapes, pour s'opposer à leur cours ainsi que je suis en état de le prouver par plusieurs exemples; mais je me contente de me renfermer dans deux des plus récens.

Le premier est à l'occasion de l'Horloger dont je vous ai parlé ci-dessus page 35, que l'Auteur de la prétendue nouvelle méthode de guérir les maladies de l'uretre, avoit traité pendant six à sept mois sans pouvoir le guérir, ni connoître la cause de son mal, & auquel il dit qu'il avoit la pierre, mais s'étant fait sonder, tous les Chirurgiens l'assurerent qu'il n'en étoit pas question; en effet, ce n'étoit qu'une *hypersarcose* qui bouchoit le sphincter de la vessie; on lui conseilla de s'adresser à moi, je le guéris radicalement en six mois.

Le onze Novembre 1747, un fameux traiteur de ces maladies m'adreſſa un particulier notable qui avoit une difficulté d'uriner; on avoit tenté pluſieurs fois de le ſonder, ſans pouvoir introduire la ſonde; tel étoit ſon état quand il ſe mit entre mes mains: je ſurmontai cet obſtacle, & parvins, malgré la grande réſiſtance, à lui introduire dans le canal une bougie de douze pouces pour ſurmonter une digue qui s'oppoſoit à l'entrée des ſondes dans la veſſie. Le lendemain il ſe fit une ſupuration, je l'entretins autant que je jugeai à propos & il vaquoit à ſes affaires comme s'il n'avoit rien eu dans le canal, ni dans la veſſie; enfin il fut radicalement guéri au bout de ſept à huit mois. Quand on connoît la ſtructure des parties & la nature du mal qui les afflige on parvient toûjours avec des remedes convenables, & de la patience, à une cure radicale.

Si les proſtates inférieures ſe trouvoient attaquées d'ulceres, cette maladie deviendroit ſérieuſe ſi on n'y remédioit promptement; parce qu'elle produiroit infailliblement des hyperſarcoſes, ou carnoſités, plus conſidérables que dans une autre partie du canal de l'urine; car, comme ce canal ſe trouve, pour ainſi dire, gêné & étranglé, ces excroiſſances peuvent faire obſ-

tacle

tacle, non seulement aux deux rigoles for-
mées par la crête de cocq, mais aussi bou-
cher totalement ou en partie la terminaison du bulbe.

Si cette excroissance forme une digue
totale au canal, elle peut causer les trois
maladies suivantes, qu'on attribue souvent & très-mal à propos au sphincter de
la vessie ; sçavoir, la *disurie*, la *strangurie*,
& l'*ischurie*.

La disurie est une suppression imparfaite
qui laisse échapper l'urine , mais avec
beaucoup de difficulté. Cette maladie est
ordinairement accompagnée de douleurs
insupportables.

La strangurie est une suppression dans
laquelle l'urine ne coule que goute à goute
avec de violentes douleurs ; il semble à
ceux qui sont attaqués de cette maladie
que la verge est étranglée & garotée, &
la douleur qui suit l'épanchement de chaque goute d'urine est si vive, qu'il semble
y avoir un charbon ardent appliqué à la
partie attaquée.

L'ischurie est un accident encore bien plus
funeste que les deux précédens ; c'est une
suppression totale de l'urine qui cause tous
les accidens fâcheux qui accompagnent
ordinairement cette maladie, & si on n'y
apporte un très-prompt secours, le mala-

de ne doit pas efperer de vivre long-temps.

Les ulceres du canal de l'urine qui fe trouvent entre les proftates inférieures, & le gland, causent auffi des carnofités ; mais elles ne sont pas fi fâcheuses que les précédentes, parce qu'on peut y remedier plus aisément, de même qu'à celles qui arrivent à la foffe naviculaire, quoiqu'elles soient quelquefois difficiles à guérir.

De toutes les suppreffions que causent ces digues ou hypersarcoses, la plus dangereuse eft l'ischurie, lorsqu'elle provient d'une de ces maladies au sphincter de la veffie, ou aux proftates inférieures, & qu'elle subfiste au point que l'urine ne fe peut sortir, car alors la veffie & le bulbe diftendent au point que ces deux parties ne pouvant plus recevoir d'urine ni la laisfer paffer, les reins s'engorgent de façon qu'ils ne peuvent plus en filtrer ; dans cette pofition le sang se trouve surchargé de cette liqueur étrangere, & la fournit à toutes les parties du corps, de forte que se trouvant impregnées, ou pour mieux dire empoisonnées ; il faut fi on ne peut en débarraffer le sang, que le malade périffe dans peu.

Le meilleur parti qu'on peut prendre dans cette occafion, sur-tout lorsqu'on

est hors d'espérance de pouvoir faire prendre aux urines leur cours naturel, est de
faire une ponction à l'hypografte ou au
bulbe suivant le cas, avec l'instrument
qu'on appelle *troisquart*, en le plongeant
dans la vessie ; l'on sera sûr d'y avoir pénétré lorsqu'on verra sortir l'urine par la
canule qu'on laissera placée dans ce visce-
re, jusqu'à ce que les accidens soient passés, ce qui arrivera dès que les urines
sortiront par le canal.

Si l'ischurie est seulement causée par les
indispositions des proflates inférieures,
l'urine coulera aisément dans cette partie
du canal appellé le bulbe ; mais y étant
déposée, & trouvant de la résistance du
côté de la chute, & du côté du sphincter
de la vessie, il arrivera qu'à mesure que
cette liqueur augmentera de volume, elle
diftendra cette partie au point que le malade ne pouvant plus y résister, on sera
obligé de faire en cet endroit l'opération
appellée *boutonniere*, en se servant du même instrument ; si l'on ne faifoit point
cette opération, la partie diftendue ne
pouvant plus s'étendre, il s'y feroit quelque ruption, & pour lors l'urine qui s'é-
pancheroit dans la substance cellulaire y
feroit de grands ravages ; car en parcou-
rant cette substance, elle la détruira &

forcera le tiſſu cellulaire, & la peau des
bourſes à ſe créver en pluſieurs endroits,
pour ſe faire des paſſages ; mais ſi l'urine
continue à prendre des fauſſes routes, elle
cauſera dans cette même ſubſtance des tumeurs calleuſes & ſchireuſes, ce qui ſera
cauſe que les bourſes pourront devenir
non ſeulement un crible pour les urines,
mais même un cloaque ; alors le malade
devient inquiet, puant & inſupportable à
lui-même & à tous ceux qui l'environnent.
Outre tous ces accidens, les vaiſſeaux de
tranſport ſe chargeront des parties les plus
volatiles des urines, & les tranſmetront
auſſi dans la colomne du fluide; enfin
ces maladies peuvent cauſer des fiſtules
plus conſidérables les unes que les autres ;
par exemple, un chancre négligé au corps
de la verge venant à pénétrer la ſubſtance
cellulaire des corps caverneux devient incurable, il en eſt de même de celui qui
arrive aux bourſes & qui pénétre la ſubſtance du teſticule.

CHAPITRE III.

Description des Parties génitales de Femmes.

A L'égard des maladies en question qui peuvent attaquer les parties des femmes, on peut dire en général qu'elles font de la même nature, & procédent de la même caufe que celles qui affligent les parties génitales des hommes. Cependant comme les parties qui fervent à la génération dans les femmes font différemment fituées que celles des hommes, auffi le fiége des maladies du fexe peut-il être différemment placé, c'eft pourquoi fans entrer ici dans le détail exact de toutes les parties qui entrent dans la compofition des parties génitales des femmes ; je parcourerai feulement les endroits les plus fufceptibles d'être frappés des infirmités qui procédent d'un contact impur.

Les parties de la génération chez les femmes font ou externes, ou internes.

Les externes font le mont de *venus* ou la *motte*, c'eft la partie du ba sventre relevé en monticule au-deffus des os pubis, cet en-

droit dans les adultes & puberes se trouve garni d'une touffe de poils qui lui donne la figure d'un gazon, aussi le nomme-
t'on communément la motte ; la substance de cette partie est intérieurement
garnie de graisse & de glandes soutenues
en place par un raiseau ou tissu cellulaire.

La grande *fente* ou *vulve*, est la face
exterieure, où le portique des parties génitales de la femme ; sa figure ressemble
très bien à un grand plis garni de deux
bords épais ; la longueur de cette fente
s'étend de haut en bas depuis la partie inférieure des os pubis jusqu'à près d'un
travers de doigt de l'*anus* ; l'espace qui
reste entre la grande fente & l'anus, s'appelle le *périnée* ; c'est vers cet endroit que
les bords ou levres de la grande fente s'é-
vanouissent, en formant une espece d'en-
foncement appellée fosse naviculaire, ou
fourchette, terminé par deux prolongemens de la peau qui forment la lettre V, &
finissent vers le périnée en maniere de peau
ligamenteuse, où elles forment une espece
de *frein* qui est tendu aux vierges, & fort
lâche à celles qui ont eu souvent com-
merce avec les hommes, ou qui ont eu
des enfans.

La substance des levres est à peu près
semblable à celle de la motte ; mais elles

sont beaucoup plus glanduleuses & cellulaires, ce qui fait qu'elles se gonflent dans l'action, & que dans l'accouchement elles deviennent flasques & molles.

L'Exterieur de la partie génitale de la femme ne nous offre rien de plus à considerer ; mais si l'on vient à écarter ses deux grandes levres, on y découvre plusieurs autres objets qu'elles tenoient cachés ; c'est tout ce qui se voit entre ces deux grandes levres qu'on appelle *pudendum* ; en voici le détail.

A la partie superieure de la grande fente, & inférieure des os pubis, positivement au-dessous, & joignant l'origine des levres, on apperçoit un petit corps rondelet plus ou moins gros qu'un pois, vulgairement appellé le *clitoris* ; c'est-là que la nature a établie le siége de la volupté & de la sensibilité du sexe.

L'anatomie nous fait découvrir que ce petit corps est une espece de verge qui a beaucoup de rapport avec celle de l'homme ; en effet le clitoris est composé de deux corps caverneux de meme nature que ceux de la verge ; ils prennent leur origine de la tuberosité de l'os ischium, en forme de deux jambes qui s'unissent vers la jonction des os pubis, pour former ensuite par leur réunion le corps du clitoris, quoique ces muſcles caverneux ſoient ſéparés l'un de l'autre par une ſymphiſe ou cloiſon.

L'extrêmité de ce corps eſt couronné par une eſpece de gland auquel la partie ſuperieure angulaire fournit une production membraneuſe & ridée, qui ſert de prépuce à ce gland, qui d'ailleurs eſt de même ſubſtance que le gland de l'homme, c'eſt à-dire, ſpongieux & veſſiculaire.

Le Clitoris peut ſe roidir comme la verge de l'homme par le moyen de ſes muſcles & de l'abondance du ſang ſpiritueux qui s'y porte dans l'action.

Le Clitoris a deux paires de muſcles; la premiere paire prend ſon origine des os coxendix dans la ſubſtance deſquels ces muſcles s'inſerent. La ſeconde paire de muſcles procede du ſphincter du podex; ils paſſent par derriere les levres du *pudendam* tout proche du plexus retiforme, & ſervent également à reſerrer l'orifice du vagin, & à étendre le clitoris.

Les *arteres* du clitoris ſont des ramifications *des arteres honteuſes*, elles apportent dans la paſſion beaucoup de ſang ſpiritueux qui fait gonfler cette partie, & les rameaux des veines *honteuſes* rapportent enſuite à leur tronc; le clitoris reçoit encore des vaiſſeaux qui viennent des hemorrhoïdaux, & beaucoup d'eſprit animaux par ses nerfs, ce qui le fait roidir & enfler dans le tems du coït ou des attouchemens.

Les *nerfs* étendus sur le dos du *clitoris* sont considérables & se répandent sur toutes les parties circonvoisines; ils partent de l'intercostale & de la huitiéme paire.

Comme la cause immédiate de la friction de la verge est l'abondance du sang & des esprits, de même ils sont les agens qui mettent en jeu le clitoris, donnent beaucoup de sensibilité à son gland, & produisent le chatouillement que les femmes ressentent à cette partie dans le temps du congrès ou de la friction.

Il s'est vû des femmes dont le clitoris étoit si long qu'elles en abusoient avec d'autres femmes qui en faisoient usage comme d'un membre viril. La seule différence qu'il y a du clitoris à la verge de l'homme, est que le clitoris n'a point d'uretre, & que son gland n'est pas percé.

Les deux grandes levres étant écartées, nous en présentent deux autres plus subtiles cachées dans l'intérieur de la grande fente, les anciens les ont appellées *Nymphes* par allusion à leur voisinage du canal de l'urine, à l'écoulement de laquelle il semble qu'elle président.

La situation des nymphes est entre les deux grandes levres ausquelles elles sont

parallèles, l'une à droite, l'autre à gauche; elles partent de l'endroit où les os pubis se joignent, & par cet angle elles sont
fortement attachées au gland du clitoris;
elles descendent ensuite vers le canal de
l'urine étant presque collées l'une à l'autre, & vont ensuite en s'écartant finir
vers le bas de l'ouverture du *vagin* où elles s'effacent. Eu égard à la figure, & à
la couleur des nymphes, elles ressemblent
assez bien aux deux crêtes qui pendent
sous le gosier des poules.

Leur surface externe est presque de la
même nature que celle des levres de la
bouche & du dedans des narines; leur substance est spongieuse, délicate & composée de petites membranes & de vaisseaux
très-subtils de toute espece; comme ces
vaisseaux partent du même tronc que ceux
du clitoris, les nymphes sont susceptibles
des émotions du clitoris, & celui-ci des
opérations des nymphes.

Leur grandeur est pour l'ordinaire d'une
phalange des doigts du sujet; elles sont
minces & peu larges dans les filles pucelles jusqu'à l'âge de 20 ou 25; mais dans
celles d'un âge plus avancé, & aux femmes qui ont fait des enfans, elles deviennent plus pendantes & plus épaisses; mais
elles descendent rarement plus bas que la
moitié des levres.

Les nymphes ont des nerfs qui leur viennent des *intercostaux*, de la *huitiéme* paire, & des *vertebrales*, elles ont aussi plusieurs vaisseaux qui se dispersent dans leur substance interieure, & exterieure, leurs arteres viennent des distributions de l'*iliaque* inférieur, ou *honteux*, & renvoyent des veines à la honteuse; ces veines s'enflent quelquefois si fort dans les femmes grosses, qu'elles causent des varices.

Leur usage est de mettre réciproquement en jeu par la friction toutes les parties qui leur sont correspondantes.

Environ un bon travers de doigt au-dessous du clitoris, entre lui & l'orifice externe du *vagin*, vers la partie superieure des nymphes, où elles semblent se joindre, se trouve une petite exhuberence au milieu de laquelle est placée l'ouverture du conduit de l'urine.

La longueur de ce conduit depuis son orifice externe jusqu'au sphincter de la vessie, est à peu près de deux bons travers de doigt dans un sujet formé; sa cavité est capable de recevoir aisement une plume à écrire, mais ce conduit peut se dilater beaucoup davantage, & au point même de laisser passer des calculs assez gros.

La substance du canal de l'urine des

femmes est composée de deux membranes déliées , dans l'entre deux desquelles se trouve une substance cellulaire blanchâtre, presque de l'épaisseur d'un travers de doigt, d'où partent des conduits qui se terminent à l'orifice externe du canal de l'urine, dans la partie inférieure antérieure & superieure du vagin, à quelques lignes de la chute ; c'est cette substance cellulaire qu'on regarde comme les prostates des femmes & comme le siege ordinaire de leurs gonorrhées.

Au dessous du canal de l'urine se trouve situé l'orifice externe du vagin ; on appelle *vagin* cet espece de conduit ou fourreau qui sert à loger la verge de l'homme dans l'action du coït ; c'est un muscle creux qui est renfermé en partie dans l'hypogastre sous l'arcade des os *pubis* ; sa partie inferieure regarde le *pudendum*, ou l'interieure de la grande fente.

La partie superieure regarde la matrice, l'anterieure la vessie, & la postérieure l'intestin droit ; le vagin est adherant à ces deux dernieres parties par une membrane.

Le vagin est d'une substance molle, lâche & capable de prêter à des verges de différentes grosseurs ; sa membrane exterieure est assez épaisse. Elle a au dessous des fibres charnues qui s'étendent dans toute

fa longueur, & par lefquelles il s'attache
aux autres parties qui lui font contigues;
fa fubftance interne eft blanche & très-
nerveufe.

Le vagin a des rides orbiculaires, à peu
près comme on en voit au palais d'un
bœuf, il y en a plus vers l'orifice externe
que du côté de la matrice; ces rides font
en plus grande quantité & plus gravées
dans les vierges & dans les femmes qui
n'ufent que rarement du coït que dans les
autres; dans celles qui ont eu des enfans,
elles s'effacent à la fuite prefqu'entierement.

La fubftance interne du vagin a une infinité de petites glandes qui fourniffent
aux canaux excretoires qui en partent. De
toutes ces embouchures il diftile une liqueur féreufe & faline capable de piquoter
cette partie & de la lubrifier; cette matiere eft quelquefois fi abondante, que
dans l'action du coït, elle fe décharge
dans toutes les parties, & coule le long du
périnée.

Quelques auteurs anciens s'étoient ima-
giné que cette liqueur étoit une véritable
femence chez les femmes; mais il y a long-
temps qu'on eft revenu de cette erreur, &
qu'on a reconnu que l'ufage de cette liqueur n'eft que de lubrifier le vagin par

son écoulement & d'empêcher que la friction de la verge ne cause des dérange- mens dans cette partie, & n'y occasionne des inflammations par ses frotemens.

L'engorgement de ces canaux excrétoi- res, & la mauvaise qualité du fluide qu'ils contiennent est capable de causer de gran- des incommodités aux femmes, comme des vapeurs, des fureurs utérines, des fleurs blanches, des langueurs, des foi- blesses & autres symptomes qui inspirent aux femmes la nécessité de se joindre à l'homme.

La longueur du vagin est ordinaire- ment un peu plus étendue que celle du plus grand doigt du sujet, & sa largeur à peu près égale à celle de l'intestin droit; cependant cette longueur & largeur va- rient suivant l'âge, & le plus ou moins de passion, & se prêtent suivant la longueur & grosseur de la verge à laquelle il sert de fourreau; d'ailleurs il se racourcit telle- ment vers les derniers mois de la grossesse par la dilatation de la matrice & la pression du fœtus, qu'il est facile de toucher avec le doigt l'orifice externe du col court de la matrice.

Le vagin des filles quoique jeunes, & non déflorées ne laisse pas d'être considérable dans sa capacité, quoique son orifice externe soit fort étroit.

Les vaisseaux du vagin sont de tous genres ; ses arteres sont doubles : les unes qui viennent des hémorrhoïdales, rampent sur la partie inférieure ; les autres partent des hypogastriques, descendent le long de ses côtés, & se dispersent dans sa substance; les vaisseaux lymphatiques & les veineux rapportent & forment un lacis.

Les nerfs de la matrice partent de ceux qui sortent de l'os sacrum ; le col de la vessie s'appuye vers le bord superieur de l'orifice externe du vagin, il est entouré de son sphincter, & sur le derriere il se trouve fortement attaché par un muscle qui reserre l'intestin droit ; ce sphincter embrasse la partie extérieure du vagin par expension de fibres dans l'étendue d'environ trois doigts de large, afin de former une autre espece de sphincter imparfait, qui donne de la constriction à l'orifice externe du vagin, en faisant un plexus retiforme.

Nous ne parlerons point ici des prétendues caroncules mirtiformes que les anciens disoient se trouver à l'entrée du vagin ; les modernes disent que ce sont seulement quelques rides à l'entrée de ce même vagin ; toute considérable que soit la largeur du corps du vagin, fon orifice externe n'a cependant qu'une ouverture fi étroite, qu'à peine le bout du plus petit doigt du fujet pourroit y entrer fans violence, lorfque la femelle eft vierge ou qu'elle n'a pas abufé de cette partie par l'introduction de quelqu'inftrument qui ait dilaté ou déchiré le *plexus retiforme* qui formoit cette ouverture naturelle.

A l'extrêmité fuperieure du vagin, en plongeant dans l'intérieur de l'abdomen, fe trouve en continuité un autre corps creux appellé *matrice*, parce que cette partiefert de mere au *fœtus* avant l'accouchement; c'eft à proprement parler la boutique où la nature développe le genre humain, & le débrouille d'une efpece de cahos où il étoit plongé. La partie par laquelle la matrice & le vagin fe communiquent, & ce qui en fait en quelque façon la foudure, eft appellée le col court dont il fera parlé ci-après.

La matrice eft fituée dans la partie inférieure de l'abdomen, c'eft-à-dire dans la région *hypogaftrique* ou le *baffin*; Entre la veffie & l'inteftin droit, la nature a merveilleufement compofé tout ce qui doit fervir aux opérations de ce vifcere; car comme les femmes devoient loger & porter un fardeau auffi précieux que confidérable, elle leur a fait la capacité du baſſin beaucoup plus vaſte que dans les hommes, les os innominés bien plus étendus, & l'os ſacrum bien plus en dehors que chez les mâles ; enfin la plus petite femme a les os yſchium bien plus diſtans que le plusgrand homme ne pourroit les avoir.

La matrice eſt ſoudée par ſon col, au vagin, au rectum, & à la veſſie, & ſe trouve liée en ſon propre corps par quatre ligamens qui viennent s'y attacher pour la retenir en place; mais le fond eſt libre & ſans attache.

La figure de la matrice chez les filles & dans ſon état ordinaire, eſt à peu près de la figure d'une poire renverſée, un peu applatie ſur la ſurface anterieure; elle eſt plus ronde dans les femmes qui ont eu des enfans.

Sa grandeur ou capacité eſt diverſe ſelon l'état du ſujet; dans les vierges adultes elle a deux doigts de largeur, & trois doigts au plus de longueur ou de profondeur; les femmes qui uſent ſouvent du coït, & celles qui ont fait des enfans l'ont plus grande. Son épaiſſeur eſt auſſi très-incertaine; elle eſt environ d'un demi doigt ou d'un demi pouce dans les femmes de bonne taille non enceintes.

La ſubſtance de la matrice eſt compoſée

de fibres motrices de toutes efpeces qui forment un mufcle creux enfermépar trois capfules dont deux externes & une interne; elles ne font que des trames qui appartiennent à la propre fubftance de la matrice qui eft toute cellulaire.

Les parois de la cavité interne, ou du vuide de la matrice, font parfemés dans tous leurs points de petites ouvertures infenfibles qui font les extrêmités des vaiffeaux excretoires. La matrice communique avec toutes les parties voifines, & même avec toutes les parties du corps par des vaiffeaux de toute efpece.

La matrice confiderée dans les jeunes filles, eft d'une forme triangulaire émouffée; l'un de fes angles qui fe termine au col court, eft le plus long & le plus aigu ; les deux autres angles font plus obtus ; la matrice eft foudée par deux corps appellés *trompes de Phallope*, qui font deux corps creux en forme de cornes, dont les extrêmités qui font très - déliées débouchent dans la cavité de la matrice par deux ouvertures fenfibles pour y conduire la matiere qu'ils reçoivent des ovaires. Cette cavité eft fi petite dans les jeunes filles qu'à peine y pourroit-on loger une feve.

Le *col court* de la matrice eft une efpece d'étranglement ou de fphincter par lequel

elle communique avec le vagin; ce col
court a deux pouces ou environ de longueur, ayant dans son étendue un petit
canal presque toujours fermé par une humeur visqueuse & épaisse. Ce canal forme
deux orifices au col court, l'un desquels
est à la partie inférieure de son canal, au-
tour duquel orifice le col court forme un
sphincter très-dur & serré qui produit
du côté du vagin une protuberence qui
ressemble assez bien au museau d'un petit
chien nouveau né.

L'ouverture de cet orifice est transver-
sale, c'est à dire, d'un sens opposé à celui
de la grande fente; la grosseur ou protubérence de cet orifice externe, est à peu
près de celle d'une moyenne cerise dans les
jeunes filles, & comme une moyenne noix
dans les puberes, les unes & les autres ont
la surface exterieure de cette protubérence
lisse, polie, & parfaitement arrondie, mais
les femmes qui ont eu des enfans l'ont plus
grosse & un peu inégale.

Le canal du col court est toujours fermé, si ce n'est pour donner passage à quelque liqueur qui a été philtrée dans sa cavité, ou pour l'expulsion du fœtus, du
faux germe & des vuidanges; tout étroit
que soit le canal du col court, il se dilate
cependant si fort dans le moment de l'ac-

couchemement, que le fœtus y passe.

La substance de ce col court est l'amas de toutes les fibres de la matrice; quand la femme n'est pas enceinte, il est un peu longuet, & sa substance est dure & compacte; mais il s'étend & s'amolit dans le tems de la grossesse, ensuite il se racourcit, & son épaisseur diminue tellement, qu'au dernier mois il paroît applani & confus avec le globe de la matrice.

Il faut remarquer que l'action par laquelle cet orifice s'ouvre & se ferme, est entierement involontaire, ce qui est une prévoyance admirable de la nature contre mille accidens qui pourroient arriver au fœtus.

Enfin, la matrice a deux paires de *ligamens*; la premiere paire sont les *ligamens larges*; ils tirent leur origine du péritoine, & embrassent le corps de la matrice.

La *seconde paire* sont les *ligamens ronds*; Ces ligamens ne sont autre chose que des trousseaux de fibres motrices qui partent du dessous des deux angles supérieurs de la matrice, lesquels trousseaux étant accompagnés de productions du péritoine, vont de haut en bas de chaque côté gagner les anneaux des muscles du bas ventre, & se terminer chacun par une expansion en forme de pate d'oye aux grandes levres,

& à la partie supérieure latérale & interne des cuisses.

Je n'entrerai pas dans un détail plus circonstancié des parties génitales des femmes, ce que je viens de dire suffit pour le but que je me suis proposé.

Il résulte de cette description des parties génitales muliebres, qu'il y a six cavités notables dans ces endroits. La premiere cavité qui est le débouché de toutes les autres, est celle de la grande fente ou le pudendum avec toutes ses appendices. La seconde lui est supérieure & aboutit à cette premiere, c'est le canal de l'urine. La troisiéme qui est une continuité de celle-ci, est la capacité même de la vessie. La quatriéme qui est toujours fort considérable, est le vagin, dont l'orifice externe aboutit au pudendum, un travers de doigt au dessous de l'orifice externe de la vessie. La cinquiéme est le canal du col court de la matrice, en continuité de la cavité du vagin. Et la sixiéme enfin, est la matrice elle-même en continuation du canal du col court. Je fais ici abstraction des cavités des corps internes appendices de la matrice, tels que sont les trompes, &c.

De ces six cavités il y en a trois qui ont un orifice externe qui peut se palper; sçavoir, le sinus entier de la grande fente ou pudendum, l'orifice ou protuberance extérieur du canal de l'urine & l'orifice externe du vagin ; les autres orifices & les parties des autres cavités ne font tangibles que par l'intromiſſion ou pénétration.

CHAPITRE IV.

Des Maladies qui attaquent les Parties génitales des Femmes.

Tout ceci poſé, il s'enſuit que les parties de la génération des femmes peuvent être attaquées de différentes maladies dont la cauſe eſt externe ou interne.

La cauſe interne de ces maladies vient ou du vice de configuration, ou du vice des liqueurs ſoit dans la qualité, ſoit dans la quantité ; les cauſes externes procédent du contact, friction & pénétration d'un corps étranger bien conſtitué, ou d'un corps étranger infecté de quelqu'humeur acre & rongeante.

Le vice de la configuration des parties produit un grand dérangement dans le jeu des liqueurs, & dans les opérations auſquelles ces parties ſont deſtinées.

Les vices de la qualité des liqueurs produifent des fuppreſſions, ou des flux de
toute nature; les fuppreſſions cauſent des
reflux de liqueurs, des gonflemens, des
oppreſſions, des abbattemens, des langueurs, des jauniſſes, des hydropiſies, des
ſuffocations, des vapeurs, le *picamorbus*,
des fureurs uterines, & des ſymptomes
dangereux qui indiquent le dérangement
de la circulation des fluides, & que des
obſtacles s'oppoſent à leur cours ; en effet,
il arrive aſſez ſouvent que les anaſtomoſes
des veines, & quelquefois les rameaux
mêmes ſe rompent, & que des évacuations
ſanguines & périodiques ſe font jour à travers différentes parties du corps, comme par
le nez, par la bouche, par les oreilles & par
les yeux. Il ſe fait des engorgemens dans les
glandes, leurs petits vaiſſeaux ſe rompent,
la ſpicité des liqueurs fait qu'elles féjour-
nent dans les anfractuoſités, y cauſent une
fluxion, une inflammation, une altération
de liqueurs, enfin un écoulement irrégu-
lier appellé *fleurs blanches* ; ſi la denſité
n'eſt que dans les liqueurs lymphatiques,
& que le ſang ſoit au contraire, trop
bouillant & chargé de molecules ſalines &
perçantes, il peut ſe faire des déchiremens
des vaiſſeaux ſanguins, leurs pores ſe ron-
gent, s'agrandiſſent & peuvent occaſionner

une perte de sang continuelle. Quant à la superfluité ou à la plethore des liqueurs, elle peut causer des distensions, des érosions de vaisseaux par l'appauvrissement ou par l'effort du fluide qui voudroit s'échapper, & quelquefois des pertes de liqueurs de toutes especes, alterées ou non; des dartres, des Phlegmons, des édemes, des scrophules, des cancers & enfin des ulceres carcinomateux.

A l'égard des maladies qui arrivent aux parties génitales de la femme par des causes externes, c'est-à-dire, ou par le contact par le frottement ou l'introduction d'un corps étranger; ces accidens peuvent être causés ou par la figure & par le mouvement du corps étranger lui-même, ou par les mauvais sucs & matieres virulentes qui l'enduisent & qui s'échapent pour s'insinuer dans les cavités muliebres; ou enfin, par la complication de ces deux premieres causes ensemble.

En premier lieu; les maladies qui proviennent de la figure ou du mouvement du corps étranger seulement, font l'effet ou de sa seule friction, ou de son intrusion, ou de l'une & de l'autre de ces deux actions ensemble.

La friction violente de quelque corps, dans la cavité du pudendum, peut causer

de

des inflammations & des mortifications à toutes les parties extérieures.

Les maladies caufées aux parties génitales, par la figure, la pénétration & la vibration du corps étranger : par exemple, par la verge de l'homme ; font le déchirement de *l'hymen* ou *tente perforée*, ou de l'orifice externe du vagin, accompagné d'une cuifante douleur, occafionnée par la rupture du plexus des fibres nerveufes qui forment le bord ou la barriere de cet orifice & par le déchirement des vaiffeaux & des fibres motrices de tous genres ; d'où fuit un écoulement de fang plus ou moins abondant & momentané ; des douleurs caufées par la diftention des rugofités du vagin quand la verge eft groffe & la vibration prompte & réitérée, principalement dans le tems où le vagin eft moins humide; enfin, une légere inflammation à l'orifice externe du col court de la matrice, par le frottement & le repouffement que le gland de la verge d'un homme vif & vigoureux fait contre cette partie.

Les deux premieres de ces maladies, n'arrivent que dans les filles que l'on défloreçelles font fuivies d'une enflure dans toutes les parties du pudendum, de laffitude dans les cuiffes & de douleurs dans les aines; mais la troisiéme indisposition peut arriver même aux femmes, quand l'homme qui les subjugue est robuste & que la verge est au dessus des médiocres; toutes ces maladies sont légeres & se guérissent d'elles-mêmes, quelquefois en 24 heures.

En second lieu; si le corps étranger est affecté de quelque mauvais levain ou maladie comme chancre, ulcere ou écoulement virulent; les parties génitales de la femme pourront être frappées de diverses maladies par cette communication impure.

La simple friction du corps étranger affecté, ou le pus virulent seul, ou ce pus mêlé avec la semence lancé sur le pudendum & dans la grande fente ou entre les Nymphes, produira dans ces endroits de petits *ulceres*, des *chancres*, des *érosions*, des *condilomes*, des *crêtes*; & à l'entrée de l'uretre & dans les prostates de pareils ulceres & des *hypersarcoses*.

L'intrusion du corps étranger ainsi affecté porte le mal encore plus avant dans les parties génitales de la femme: par exemple; un chancre sur le corps de la verge, produira dans le vagin d'autres chancres ou ulceres dans la route de son contact ou de ses frictions, & si le chancre ou l'ulcere de la verge se trouvoit sur le bout du gland, le membre viril porteroit le virus au fond du vagin & fur l'orifice du col court de la matrice, de maniere que les mêmes accidens arriveroient à ces parties.

Si le corps étranger n'eſt pas affecté extérieurement, mais feulement dans ſes parties internes, comme par exemple, d'un ulcere ou d'un chancre ouvert dans le canal de la verge ou aux proſtates, alors le virus qui en découle mêlé ou non avec la femence, infectera des mêmes maladies l'orifice externe du col de la matrice & les parois du vagin, dans les lacunes duquel ce venin fe cantonne & fe mêle dans les conduits & dans les anfractuofiés des petits corps glanduleux : la même liqueur du mâle ainſi corrompue venant à s'écouler enfuite par le vagin, peut auſſi infecter tout l'intérieur de la grande fente, c'eſt à dire, les nymphes, la terminaiſon de l'ure re, le clitoris & les parois intérieurs des grandes levres, & cauſer des chancres & des ulceres dans ces parties.

Il n'y a rien de ſi commun que de voir des femmes dont une des nymphes, & quelquefois toutes les deux, ont été rongées par un chancre vénérien ; un chancre de cette efpece s'étant auſſi formé dans le conduit de l'urine, peut devenir calleux & former un hyperfarcofe qui boucheroit le canal & cauferoit de violentes retentions d'urine & des cuiffons pareilles à celles que les hommes reffentent dans la chaudepiffe, le venin peut même pénétrer jufques dans les glandes inguinales, y caufer une inflammation, une tumeur, c'eft-à-dire, ce qu'on appelle *bubon* ou *poulain*.

Enfin, fi dans l'ardeur de la paffion de la femme, le col court de la matrice vient à s'entrouvrir par des mouvemens convulfifs de cette partie, & que la verge de l'homme paffe à travers, de maniere que fon gland fe trouve logé dans là cavité de la matrice, le défordre fera encore plus grand ; car la matiere féminale alors mêlée avec la liqueur purulente s'élançant dans la matrice même, dont le col s'étrangle dès que la verge eft retirée, conferve ce venin dans fa capacité où il fait un ravage affreux, foit dans la capfule interne & même dans la fubftance de ce vifcere, foit enfin dans les *tubes* qui font dans un mouvement périftaltique, & béantes à leur orifice, dans ces momens où toutes les parties de la femme font en jeu,

Au refte, ce virus eft fi pénétrant, qu'il n'eft pas befoin qu'il fe porte immédiatement dans ces endroits ; ces parties font toujours enduites d'une humeur qui les lubrifie, le venin s'y infinue, peut s'étendre autant en montant qu'en defcendant, & fe cantonner dans les embouchures de quelques vaiffeaux, à l'aide des rugofités qui lui fervent d'échelons ou de rampes.

D'ailleurs, les difpofitions dans lef-quelles fe trouvent les parties génitales de la femme, contribuent beaucoup à donner du véhicule à ce virus, par exemple ; fi l'introduction & l'éjaculation de l'homme fe fait dans le tems des regles ou de l'écou-lement des fleurs blanches, il n'y a point de doute que l'orage ne foit beaucoup plus prompt & plus violent ; parce qu'alors les vaiffeaux lymphatiques font relâchés & ouverts.

Au furplus, fi les aines du mâle, ou le fcrotum, font feulement affectés de virus & avec ruption, ces parties convenans par le contact avec les aines, les bords fupé-rieurs des levres de la grande fente & la fourchette ou foffe naviculaire de la fem-me, il eft hors de doute que ces mêmes par-ties ne deviennent égalemement frappées de quelque maladie analogue à celle du mâle.

OBSERVATIONS,

Comme les femmes font fujettes, ainfi que les hommes, à toutes les maladies qui attaquent les parties de la génération, ou qui leur font adhérantes , & que les caufes qui produifent ces maladies font les mêmes ; il eft également hors de doute que le traitement doit s'en faire fuivant les mêmes principes que ceux établis pour la curation de celles des hommes.

Si le virus a pénétré dans la maffe du fang , par un vice local ou fi le vice local a fomenté par la mauvaife qualité du fang & des liqueurs , la maladie doit être regardée comme vérole caractérifée.

Si les indications conduifent à conclure que la caufe eft vénérienne , il n'y aura rien de plus à confidérer , finon que cette vérole fera plus ou moins rébelle & plus ou moins compliquée , qu'elle fera vieille ou nouvelle , & que par conféquent, la curation ne pourra être faite que dans plus ou moins de tems.

Si le vice eft feulement local ou qu'il n'y ait pas affez de tems qu'il fe foit cantonné pour avoir corrompu la qualité des fluides , la curation pourra fe faire avec de bons remedes doux & balfamiques , après avoir fait précéder l'ufage des remedes généraux , pourvû que l'on puiffe porter immédiatement les topiques convenables à l'endroit de la maladie , & que ces ulceres ne foient pas carcinomaeux ; parce que la guérifon de ceux-ci eft prefque fans efpoir.

Toutes les maladies qui arrivent aux parties génitales des femmes, ne font pas cependant toujours caufées par un virus; la mauvaife qualité du fluide en eft fouvent la caufe ; quand il eft acide & mordicant, il peut caufer des abfcès, enfuite des ulceres & quelquefois un relâchement confidérable aux vaiffeaux deftinés pour fournir la liqueur propre à humecter cette partie.

Ces indifpofitions de quelques caufes qu'elles procedent, font fouvent le germe d'hyperfarcofes qui s'étendent & prennent un accroiffement monftrueux quand ils fe forment dans le vagin, eû égard à la dilatation de cette partie, qui eft difpofée à s'étendre aifément fuivant les corps qui y font introduits ou qui s'y engendrent, de maniere que dans cet endroit ces maffes de mauvaifes chairs s'allongent, paroiffent fous différentes formes, prennent différentes groffeurs, & criblées de petites ouvertures, comme un arrofoir, elles laiffent échapper une liqueur qui irrite les parties, fe corrompt, & par fon féjour exhale une puanteur infupportable.

Lorfque ces fongus font carcinomateux, & qu'ils font venus à un certain volume, ils fe détachent par leur poids, & par l'agitation du corps qui rompt leur pédicule.

qui fe trouve quelquefois dés plus confidérables. D'habiles Praticiens y ont été trompés, & ont quelquefois pris ces productions pour des molles, comme il arriva au mois d'Août de l'année 1736, en la perfonne d'une femme âgée de foixante-quinze ans, laquelle fourniffoit fréquemment de ces maffes étrangeres ; on m'en préfenta une, & j'opinai que c'étoit une production hyperfarcotique, ou fongus ; on fit voir cette production à des perfonnes célebres d'un corps de fçavans, & au Chirurgien Major du plus grand Hôpital de cette Ville ; ils eftimerent que c'étoit des molles ; mais M. Duverney qui fe rangea de mon avis en déclarant que c'eftoit un champignon, acheva de détromper ceux qui avoient pris ces excroiffance pour des molles ; chofe qui ne pouvoit paroître probable, eu égard au grand âge de la femme qui les rendoit.

Le 15 Decembre 1734, je fus mandé par M. Barutau Chirurgien Juré aux porcherons, pour y voir une femme âgée de 32 à 33 ans ; elle avoit eu deux fauffes couches l'une en 1720, l'autre en 1721. Elle fut infiniment furprife après cette derniere, de fe fentir une tumeur dans le vagin, laquelle augmentoit de volume de plus en plus, de forte qu'au commencement de 1734; cette excroiſſance étoit devenue ſi conſidérable qu'elle bouchoit l'entrée du vagin, & le forçant par ſon poids, & par ſon volume elle comprimoit totalement le col de la veſſie & le fondement, de ſorte que les évacuations ordinaires de ces deux muſcles creux ne ſe faiſoient que très-imparfaitement, & avec des douleurs inexprimables; pluſieurs miniſtres de la ſanté des deux ordres, & nombre de ſages-femmes l'avoient viſitée; leur ſentiment commun concluoit que c'étoit un renverſement de matrice, il s'en falloit beaucoup que mon avis fût tel; en effet, le 24 du mois de Janvier de la même année, je fis l'opération de ce corps étranger, il péſoit deux livres quatre onces, & avoit à peu près la figure d'un cœur de bœuf; ie le portai à l'Académie, il y fut examiné, & je donnai la relation de mon manuel; cette femme ſe trouva guérie en peu de temps, & elle eſt même actuellement exiſtante. On ne voit que trop ſouvent de ces maladies, mais c'eſt quelquefois dans des temps où un prudent Praticien étant appellé ne peut plus y mettre ordre, les parties malades étant ſpacelées, ſoit pour avoir trop couvé la maladie, ſoit pour avoir fait uſage de remedes corroſifs, tels que ſont ceux qu'adminiſtrent les Charlatans.

Au reſte toutes ces maladies demandent beaucoup d'attention, & une grande pratique appuyée d'une ſaine théorie, encore malgré tout cela ne peut-on être garant des ſuites de ces maux, lorſque le venin ayant ſimplement ceſſé d'être local, a reflué dans la colomne du fluide ; parce que la moindre parcelle qui y demeureroit ſerviroit de ferment qui par la ſuite des temps pourroit cauſer des ravages affreux ſi l'on négligeoit d'y remédier de bonne heure ; c'eſt à quoi les Praticiens éclairés doivent veiller attentivement.

Suite de la Lettre précédente.

TAnt s'en faut, Monſieur, que le livre qui paroît depuis environ deux ans, ſoit le traité complet des maladies du canal de l'urine que l'Auteur des Obſervations Chirurgicales de ces maladies avoit promis, ainſi qu'une fameuſe Préface *qui devoit avoir ſes juſtes bornes* ; puiſqu'au lieu de ce traité qu'on attendoit ſans impatience, on ne voit qu'une répétition du premier, ſur lequel je vous ai fait part de mes réflexion ; auſſi ce Praticien lui a-t'il donné précifément le même titre ; & quoiqu'il ait ajouté ces mots au bas de la page, *feconde édition*, tout avoit été dit dès la premiere.

En effet, loin d'avoir effectué fes promeffes, le Public abufé ne découvre dans cette feconde édition qu'un difcours préliminaire qui en occupe plus de la moitié, & nombre de prétendus certificats, dont la plûpart font de Médecins & de Chirurgiens des Provinces les plus reculées du Royaume, & auxquels on ne peut ajouter beaucoup de foi ; parce qu'ils font dénués des principales circonftances qui pourroient les rendre valides.

Tout immenfe que foit le difcours préliminaire de cet ouvrage, il ne mérite ui extrait ni détail ; ce n'eft qu'une affectation continuelle d'oppofer les différentes opinions de quelques Auteurs, afin de placer le nouveau Praticien au-deffus de ceux qu'on lui fait critiquer.

Dès la premiere page de ce difcours, il déclare qu'il n'entreprendra pas de donner un traité de la gonorrhée, mais que les fuites de cette maladie feront fon objet : quelle chute ! donner quelque defcription des fuites de la gonorrhée, pour un traité complet des maladies de l'urette annoncé depuis long-temps ! affurément la compenfation n'eft pas recevable.

L'Auteur entre ensuite de plein pied dans les causes de la difficulté d'uriner; mais il ne dit pas un mot du traitement convenable à cette maladie; & sans la définir, sans distinguer quelles en sont les especes, ni indiquer même aucun des médicamens les plus efficaces pour calmer & guérir des accidens si funestes, il se contente de dire laconiquement que cette maladie peut dependre de huit causes particulieres; mais comme ces causes dont il parle sont elles-mêmes des maladies, & qu'il ne nous apprend rien de ce qui les a produites, il est hors de doute que ce qu'il dit à ce sujet, n'est pas la cause originaire des retentions d'urine, mais seulement les effets d'une cause qu'il ne connoît pas. Examinons un peu ce qu'il dit de ces prétendues causes, nous allons suivre le même ordre.

La *premiere* cause de ces maladies est dit-il, *le racourcissement des fibres de l'uretre;* mais est-il possible qu'une fibre rongée puisse pour cela se racourcir? Je vous avoue ingénuement que je ne puis le comprendre. Il est vrai qu'à l'exemple d'une corde bien tendue qui viendroit à se rompre, une fibre rongée doit se retirer de part & d'autre vers les deux termes qu'on peut regarder comme son principe & son attache,

attache ; mais ce racourciffement n'eft pas
celui de la fibre , c'eft feulement celui de
chaque partie de la fibre vers le terme où
elle aboutit Au refte , bien loin de devenir plus tendue par cet accident , la fibre
fe relache en fe retirant vers fes termes,
& perd entierement fon *tonus* ; un tel déchirement de fibres produit une folu-
tion qui devient un véritable ulcere dont
les bords peuvent devenir calleux, &
du fond duquel peut végeter une hyperfarcofe ; après tout , je crois que ce Praticien ne s'entend pas lui-même, & qu'il
avoit intention de dire qu'une de ces caufes eft la *crifpation* des fibres de l'uretre.

La feconde caufe , felon lui , font les
callofités ou *cicatrices* ; mais peut-on confondre auffi aveuglement des chofes qui
font fi différentes ? Il eft vrai qu'une cicatrice peut être calleufe ou le devenir,
lorfque par ignorance ou autrement , on
ne prend pas les précautions néceffaires
pour prévenir cet accident. Mais quand
une cicatrice refteroit calleufe, elle n'in-
tercepteroit pas pour cela le cours des urines. à moins que l'ulcere en fe confolidant
mal, n'eût produit une hyperfarcofe ; car
alors elle produiroit un véritable obftacle.
On doit donc dire fimplement que les callofités en état de s'oppofer au cours des

urinés, font des corps qui partent toujours du fond des ulceres en forme de *polypes*, qui s'allongent dans le canal, fe trouvant étranglés par la circonférence des ulceres que la préfence des parties terreftres & falines de l'urine ont rendus dures & racornies.

La troifiéme caufe de cette maladie, continue t'il, font les *caroncules*, ou *callofités* ; mais il tombe ici dans la confufion. En effet, il y a une différence bien notable entre la caroncule & la callofité, puifque la caroncule eft une partie naturelle & que la callofité eft un corps étranger, une maladie ; auffi ce Praticien n'a-t'il point ofé s'expliquer fur cette prétendue caroncule ; puifqu'il n'a point décrit dans quelle partie du canal on trouve cet être de raifon, quelle eft la figure, fon ufage, fa direction & pourquoi ces prétendues caroncules peuvent fe métamorphofer en corps étrangers. Convenez avec moi qu'il ne faut pas avoir feulement la moindre notion de notre art pour confondre fi groffierement une partie naturelle avec une maladie ; auffi ce nouveau Praticien avoit-il déclaré dans l'avertiffement de fa premiere édition que *fes notions ne font point des notions communes* ; il craignoit fans doute que l'on ne s'en apperçut pas aifément.

La quatriéme cause selon lui ; sont *les ulceres calleux , opiniâtres & malins* ; mais ce Praticien en triplant ici par une file d'épithetes le même genre d'ulceres, auroit bien pu dire que tout ulcere calleux est opiniâtre , qu'il n'est opiniâtre que parce qu'il est malin , & qu'il n'est malin que parce qu'il est calleux & opiniâtre. Enfin il auroit dû n'en point rester là , mais circonstancier l'endroit où se forment le plus souvent ces ulceres & quelles sont les causes de son opiniâtreté. Je vous laisse à penser ce que vous voudrez sur toutes ces irrégularités.

La *cinquième* cause est encore dit il , *le gonflement considérable du verumontanum* , ou de la crête de cocq ; mais cette petite éminence formée dans le canal de l'urine par la continuité de la cloison mitoyenne qui sépare les prostates , & qui fait saillie dans le milieu de ce même canal , n'est assurément point suffisante pour s'opposer au cours des urines. Si ce Praticien connoissoit tant soit peu les parties qu'il se mêle de traiter , il broncheroit moins fréquemment. Sans doute que dans une troisiéme édition il fera part à nos Confreres de quelques *brillantes observations* sur l'inflammation & le gonflement des prostates & du *verumontanum* , & qu'il n'oubliera pas

de parler de l'aposthême & de l'ulcération
des proftates, ainfi que des carnofités de
ces corps glanduleux qui font le véritable
fiége des gonorrhées. Vous l'attendez-là,
& moi auffi : mais nous avons bien la mine
de l'attendre long-temps.

La *fixiéme* caufe eft felon lui, *l'endurcif-*
fement des proftates & des veficules fémi-
naires; mais puifqu'il prétend que ces deux
parties peuvent devenir en état de faire de
grands ravages en s'oppofant au cours de
l'urine; pourquoi n'entre-t-il pas dans
l'examen de chacune en particulier? C'eft
un fait certain que les proftates peuvent
fe durcir & même devenir fchireufes,
mais en pareil cas, elles ne s'oppofent point
entierement au cours des urines; elles peuvent feulement y caufer obftacle. Quand
aux veficules féminaires, aucune obferva-
tion ne nous a inftruit jufqu'à préfent que
des fchires peuvent s'engendrer dans la
fubftance de ces réfervoirs féminaires, ce
que je crois ne devoir jamais arriver que
toutes les parties du bas ventre ne foient
elles-mêmes attaquées de cette maladie;
accidens qui ne pourroient être caufés que
par un fluide extraordinairement chargé
de moécules terreftres & falines qui imbi-
beroient ces parties. Mais quand on fup-
poferoit pour un inftant que les veficules

féminaires puſſent devenir dures & ſchireuſes, du moins conviendriez-vous avec
moi qu'elles ne pourroient former obſtacle
au cours de l'urine; 1° parce qu'elles ſe
trouvent placées poſtérieurement & laté-
ralement au col de la veſſie; 2° parce
qu'elles ſont flottantes; 3° enfin, parce
qu'elles n'ont aucune autre communication avec le canal de l'urine, que par leurs
canaux de décharge & par la partie inférieure des proſtates.

La *ſeptiéme* cauſe, ſuivant le même Praticien, *ſont les parties devenues fongueuſes*;
mais pourquoi n'a-t-il pas placé cette maladie avant l'endurciſſement & les autres
cauſes? Pourquoi ne pas rapporter tout
ce qui doit être dit de l'origine, du progrès & de la curation de cette maladie?
Sans doute que ſes connoiſſances ne vont
pas juſques là.

Enfin, la *huitiéme* cauſe qu'il donne aux
rétentions d'urine roule ſur *quelques con-
crétions particulieres* Il n'eſt pas douteux
que les ſucs concrets peuvent produire des
corps tantôt durs & tantôt mol; mais il
auroit dû en rapporter les raiſons au lieu
de s'arrêter tout court ſur ces idées pour
entrer en matiere ſur d'autres objets. Le
ſurplus de ſon diſcours préliminaire n'eſt
qu'un tiſſu de contradictions entre les Au-

teurs & les Praticiens, pour former un gonflement de volume. Enfin il termine cet écrit par la façon dont il agit avec ses malades, par les louanges qu'il se donne & par les prétendues Lettres & Réponses qu'il dit lui avoir été communiquées.

Je vous avoue, Monsieur, que sa grande exactitude à rapporter tous les écrits qui sont faits à sa louange, fait que je suis infiniment surpris de ce qu'il n'a point fait mention de la Réponse de M. Manget, fort habile Medecin de Genève, à la Lettre de M. Bruhiere, Docteur en Medecine. Ne seroit-ce pas que M. Manget auroit donné avis à M. Bruhiere, du malheur arrivé à cet illustre Praticien, dans le traitement qu'il a fait pendant deux années entieres à deux notables habitans de cette République, qui, attirés à Paris par la réputation de ce grand homme, sont retournés chez eux plus mal équipés qu'ils n'étoient avant qu'ils se fussent mis entre ses mains? Je vis l'un au mois de Novembre 1746, mais sans espoir de guérison il devoit partir dès le lendemain.

L'autre m'envoyât chercher au mois de Mars 1747, pour raisonner sur l'état où il se trouvoit; sa situation étoit si fâcheuse, qu'il étoit réduit à avoir nuit & jour la verge plongée dans le goulot d'un urinal, parce qu'il perdoit continuellement ſes urines ; ſes douleurs l'empêchant de ſouffrir aucun mouvement , il fut obligé de partir en litiere. Le Praticien , pour le dédommager , l'avoit aſſuré très-affectueuſement que quoiqu'il n'eût touché de lui que cent louis , il en donneroit volontiers mille pour qu'il fût guéri.

Je ne pûs promettre à ces malades une guériſon parfaite , attendu le ravage qu'avoit cauſé le cathérétique du nouveau Praticien. Je leur propoſai quelques remedes pour adoucir leurs maux qui paroiſſoient ſans eſpoir , mais ils étoient ſi rebutés , qu'ils n'en voulurent tenter aucuns.

A peine ce particulier étoit-il arrivé à Paris , qu'il fut mandé pour un malade auquel il adminiſtra ſes bougies ; mais l'irritation qu'elles cauſerent , fit tomber le malade dans des accidens ſi terribles , qu'on fut obligé d'appeller la Medecine , la Chirurgie & la Pharmacie. Au bout de quelque tems que l'orage fut calmé , on eſſaya de nouveau l'uſage des mêmes Bougies ; mais les accidens redoublerent ſi fort , qu'à peine il fut poſſible de procurer quelques repos au malade. Enfin il réſulta de ces deux tentatives , que la matiere ayant reflué dans la maſſe du fluide , il ſurvint au malade un gonflement aux os du *tarſe* , dont il eſt reſté eſtropié quoiqu'on l'eût fait paſſer par les grands remedes : il y avoit un an qu'il étoit dans cet état quand je le vis ; il me dit qu'il alloit partir pour les Eaux de Bareges, mais je crains bien qu'il n'y ait pas trouvé la guériſon qu'on lui avoit fait eſpérer.

Rappellez-vous cet habitant de la Léogone dont je vous ai parlé, *page 36.* que le Praticien traita de telle façon qu'il mourut dans des douleurs affreuſes, malgré les ſoins de M. Berdolin, très-bon Chirurgien.

Joignez-y l'Horloger dont je vous ai parlé, *page 35.* auquel il fit accroire que la maladie étoit la pierre qu'il n'avoit pas, tandis qu'il ne pût le guérir de la maladie vénérienne qu'il avoit.

Il en fut de même du Sr . . . demeurant ſur la paroiſſe Saint Sauveur ; parce que ce malade ne pouvoit être ſondé, il vouloit auſſi qu'il ſe fit tailler. J'ai cependant tiré d'affaires ces deux malades ; vous voyez par ces deux derniers exemples, juſqu'où s'étend la capacité du nouveau Praticien, dans les maladies mêmes dont il ſe vante ſi fort d'être le ſeul guériſſeur.

Il eſt aiſé par ce que le hazard m'a indiqué de ces pauvres victimes, combien le nombre de celles qui me ſont inconnues doit être grand ; quoiqu'il aſſure que de tous les malades qu'il a traité, à peine s'en trouve-t-il deux cens qui n'ayent été guéris, & qu'il ne lui en est mort qu'un seul. On ne peut donc assez s'étonner comment des Maîtres de l'Art qui ont un nom, ont pû si facilement se laisser surprendre, & délivrer des certificats; puisque pour attester la réalité d'une guérison; il faut, ainsi que je vous l'ai observé à la page 2. bien d'autres preuves que celle qu'on allégue dans ces prétendus certificats dont le nouveau Praticien fait si grand étalage.

Au reste, ce qui vous paroîtra des plus singulier est que ce Praticien ose mettre au jour des certificats de guérison qu'il dit avoir faites à de certaines personnes, qui ont été si peu guéries qu'elles ont été obligées de se mettre entre mes mains pour obtenir à l'aide de mes remedes une véritable cure qu'ils n'avoient pû trouver chez lui.

En vain le nouveau Praticien affecte-t-il de déclamer contre les caustiques, en vain s'efforce-t'il de vouloir persuader que l'enduit de ses bougies n'a rien de corrosif, & qu'il ne fait usage d'aucun cathérétique ni astringent; en vain même le Sr Joyeuse Médecin de Galeres, atteste-t'il au Docteur Gouraigne que le remede du nouveau Praticien est si doux que plusieurs malades l'ont à peine fenti; puifque l'état où j'ai vû le petit nombre de malades dont je me fuis contenté de vous parler eft la preuve contraire, & que la vérité s'échappant de la bouche de ce Praticien l'a forcé d'en convenir page 20 de la Préface de fa premiere édition, ainfi que je l'ai déja obfervé page 32 de ma Lettre. Au refte, pour lever tout doute à l'égard d'un fait auffi certain, il le confirme encore de nouveau page 155 de fon difcours préliminaire en annonçant avec pompe, que jufqu'à lui, on n'avoit connu aucun déterfif fûr & infaillible & qu'on n'étoit point affuré de l'opération d'aucun corrofif.

Affurément ces termes ne font point obfcurs; *avant moi*, dit-il, *on n'étoit point affuré de l'opération d'aucun corrofif.* Il fe vante donc d'en être le feul modérateur? ce qui eft un aveu bien formel qu'il employe des remedes auffi pernicieux; d'où il eft aifé de juger de la bonté de fes traitemens, puifque faifant refluer le vice local, il ne peut manquer d'infecter à la fuite toute la maffe des liqueurs & diffoudre les parties folides dont les principes deviennent empoifonnés.

Mais après tout nous ferions bien étonnés les uns & les autres, fi la prévention du public en faveur de ce Praticien venant

à s'éteindre, on découvroit que sa méthode est d'inoculation*, puisqu'il déclare
en plusieurs endroits de son discours préliminaire, qu'il possede l'art de reproduire
un écoulement vicieux, aux personnes qui
n'en avoient point; ses grands talens sont
donc de donner des maladies à ceux qui se
croyoient raisonnablement bien fondés à
ne s'en point soupçonner de semblables, &
de ne point guérir radicalement & sans répétition celles qui sont les plus décidées.

Au reste, je ne puis trop le répéter,
les moyens principaux pour parvenir à la
guérison parfaite de telle maladie curable
que ce soit, sont 1°. De ne perdre jamais
de vue la structure de la partie affligée.
2°. De bien connoître les opérations auf-
quelles elle est destinée, & celles qui se
se font particulierement dans sa substance.
3°. Etre parfaitement instruit des maladies les plus ordinaires de cette partie, bien
distinguer la maladie originaire qui peut
causer la maladie particuliere, & s'attacher
aux diagnostiques passés & présens pour
remédier aux accidens futurs, & même
les faire cesser les uns & les autres pour
toujours. 4°. User de beaucoup de réflé-

* Maniere dont on donne la petite vérole aux
enfans a la Chine, en Turquie & en Angleterre.

xion afin d'employer la maniere la plus
douce & la plus certaine pour parvenir à
une cure radicale. 5°. Enfin quand il s'agit
de traiter une vieille gonorrhée il faut
travailler avec foin à ôter toutes inflammation, procurer du relâchement & d'epu-
rer la maffe des liqueurs du venin qui peut
l'avoir infectée, avec de bon remede pris
intérieurement quelque le mercure dans
ce fimple cas ne foit pas toujours le fpécifique le plus affuré; & donner tous les foins
à bien fonder les cicatrices des ulceres qui
fe trouvent dans le canal de l'urine; car
comme ils font la caufe de cette maladie,
ils doivent être l'objet de la guérifon; mais
pour efpérer qu'elle puiffe être radicale,
il faut rejetter impitoyablement l'ufage
des aftringens & des corrétifs; leurs dangereux effets ne font que trop connus, ils
ne peuvent opérer tout au plus qu'une
cure palliative de peu de durée, & qui
dans la fuite précipite les malades dans
des accidens encore plus funeftes que
les premiers.

Pour terminer heureufement toutes les
efpeces de maladies qu'on range dans la
claffe de celles qu'on appelle vénériennes,
aucuns remedes ne m'ont mieux réuffi que
ceux que j'ai eu le bonheur de recueillir
en mes voyages dans différentes régions en
deça

deçà & au de-là des tropiques; le bon
fuccès que j'ai tiré de mes remedes m'a
bien dédommagé du long & pénible travail qu'il m'en a coûté pour en faire l'analyfe & parvenir à leur jufte préparation;
l'eau minerale dont ils font la bafe m'a
toujours réuffi dans les fuppreffions & autres incommodités des femmes, & par fon
feul fecours je fuis fouvent venu à bout
des gonorrhées les plus rebelles; mais fi
à l'ufage de cette eau je joins celui de mes
bougies, aucune hyperfarcofe ni callofité
ne font en état de me réfifter. Enfin je fuis
auffi affuré de guérir la vérole la plus décidée avec mes poudres & mes goutes gé-
nérales, qu'avec les diverfes préparations
du mercure; fpécifique dont je connois
parfaitement l'excellence, fur-tout lorfque bien purgé des parties arfenicales qui
l'accompagnent prefque toujours, il eft
employé par une perfonne fage & fçavante
qui foit en état de s'en rendre le maître.
J'ai commencé à le manier à Montpellier
dès ma plus tendre jeuneffe, & perfonne
n'eft plus convaincu que moi de fon effi-
cacité, quand il eft adminiftré avec pru-
dence.

Je ne vous dirai plus rien de ce fameux
difcours préliminaire; à l'égard des prétendues obfervations & des certificats ac-

L

rolés à chacune, vous en porterez le ju-
gement qu'il vous plaira ; je me suis assez
expliqué fur cet article & je fçais qu'en
cela votre façon de penfer eft exactement
conforme à la mienne.

Cependant tout enveloppé de certificats
que foit le nouveau Praticien, ne croyez
pas qu'on en trouve un feul pour les maladies des femmes ; on ne lui en fait dire
qu'un mot & même en paffant. Quoi donc,
n'eft-il pas également néceffaire de traiter
les maladies de l'un & de l'autre fexe, &
les femmes ne font elles pas expofées aux
mêmes incommodités que les hommes &
même a quelques unes que n'ont pas ceux-
ci ? pourquoi donc refter court à ce fujet ?

Vous penfiez, Monfieur, que ce Praticien n'auroit pas manqué de décrire 1°.
Où eft précifément le fiége des gonorrhées
des femmes. 2°. D'examiner fi elles font
fujettes aux carnofités, & dans quels endroits ces végétations fe forment ordinairement. 3°. Quelles font les différences
d'une gonorrhée à l'écoulement ou perte
appellée fleurs blanches, & qu'elles en
font les efpeces. 4°. Quelle eft la maniere
de traiter ces deux différentes maladies.
5°. De montrer qu'il eft de la derniere
conféquence de ne pas les confondre, &
l'inconvenient qui en réfulteroit fi l'on

étoit assez ignorant pour s'y méprendre.
6°. Enfin, qu'il auroit opiné si dans les
gonorrhées des femmes on doit se servir
indifféremment de bougies ou Pessaires,
d'injection dessicatives ou astringentes, &
de quelle nature doivent être les remèdes
qu'on doit employer pour parvenir à une
cure parfaite ; vous pensiez dis-je, que
cette nouvelle édition contiendroit un
petit traité sur cette matiere : convenez
que vous êtes bien trompé.

Mais pour indemniser de ce vuide, le
Praticien a joint à ses *observations brillantes*
l'historiette d'une petite fille impubere,
qui, dit-il, par la seule pollution d'un
mâle sans pénétration, lui donna la chaude-
pisse Il regarde ce fait comme très singulier & surprenant ; mais vous sçavez aussi
bien que moi qu'il n'y a rien de si commun, de voir de jeunes filles qui ont été
viciées de cette façon, donner de violentes gonorrhés à des hommes très-sains,
quoique ces filles fussent pucelles avant &
après le contact.

Enfin, il termine cette matiere par l'exal-
tation d'un prétendu mémoire qu'il dit
avoir présenté au Comte Garelli, contenant plusieurs observations importantes sur
les maladies des femmes ; mais si ce fait
étoit aussi certain qu'il voudroit le faire

accroire, il n'auroit pas manqué de placer cet écrit dans les imprimés qu'il a rendus publics ; au lieu de les remplir de ſes prétendus titres, emplois, obſervations & certificats ; de maniere que depuis la premiere page de ces imprimés juſqu'à la fin, on ne voit qu'une pure affiche. Les grands hommes qui profeſſent la Chirurgie dans cette capitale du Royaume & chez nos habiles voiſins, n'ont pas acquis la gloire dont ils jouiſſent par des voyes de cette eſpece.

Au ſurplus : il y a lieu de s'étonner que ce Praticien qui doit tant aux certificats qu'il s'eſt fait délivrer, ait oublié d'en avoir tiré des Supérieurs qu'il avoit dans les Corps & Hôpitaux Militaires étrangers, où il dit avoir été employé. Que ne s'en faiſoit-il donc expedier pour les faire enſuire légaliſer par les Miniſtres de France en ces cours ? Cette ſeule affiche auroit mérité plus de foi que toutes celles dont il a farci les imprimés. Avouez, Monſieur, que dans tout ceci, la maxime de Tacite eſt exactement vérifiée. *Omne ignotum pro magnifico eſt.* Je ſuis avec le plus parfait attachement :

MONSIEUR,

Votre, &c.